Siegfried Popp, Christian Wiedemann

Konstruktionsmechaniker/-in
Metallbauer/-in

Lernsituationen
Technische Kommunikation/Arbeitsplanung

Lernfelder 5 - 14

1. Auflage

Bestellnummer 54400

Bildungsverlag EINS

VORWORT

Das vorliegende Arbeitsheft
Metalltechnik - Lernfelder 5-14
wurde für die Fachklassen   **Konstruktionsmechaniker / Konstruktionsmechanikerin**
    Metallbauer / Metallbauerin

der Jahrgangsstufen 11 bis 13 nach der Neuordnung der Metallberufe erstellt. Sie schließen an die **Grundbildung Fachzeichnen - Technische Kommunikation** an.

Allen Norm-Informationen, Aufgaben und Übungen liegen die derzeit gültigen Normen und die neuen Lehrpläne zugrunde. Die Texte entsprechen dem Inhalt der Normblätter. Aus didaktischen Gründen sind die Aussagen der Normen vereinfacht. Auf den Umgang mit Tabellen (Tabellenbuch) wird großer Wert gelegt.

Technische Zeichnungen sollen als Kommunikationsmittel richtig verstanden und fachlich korrekt interpretiert werden. Vorrangig geht es deshalb in diesen Arbeitsblättern nicht um das Erstellen von Zeichnungen, sondern darum, alle Informationen für Fertigungsplanung und Fertigung sowie für die Funktion und die Gesamtzusammenhänge von teilweise komplexen Werkstücken bzw. Systemen aus Zeichnungen zu entnehmen.

Um Schüler von der Zeichenarbeit zu entlasten sind Konstruktionszeichnungen in den Schülervorgaben in feinen Konstruktionslinien teilweise vorgezeichnet. Damit wird rationelles und genaues Zeichnen ermöglicht. Diese Vorgaben werden durch den Schüler nur ergänzt. So kann den wesentlichen Inhalten des Themas mehr Zeit gewidmet werden.

Auf den folgenden Seiten werden Lernsituationen dargestellt, die sich für die Arbeitsplanung und für den projektorientierten Unterricht sehr gut eignen. Diese Beispiele können in allen technischen Fächern bearbeitet und in der Praktischen Fachkunde, möglichst in Zusammenarbeit mit den Ausbildungsbetrieben, z. B. in Gruppenarbeit, ausgeführt werden. Für einige Werkstücke aus diesen Übungen sollten Vorrichtungen und Werkzeuge für rationelle Kleinserienfertigung konstruiert werden.

In der modernen Konstruktion und Fertigung werden Zeichnungen mit dem Computer erstellt. Die so erstellten Datensätze, meist als CAD-Vollvolumenmodell, finden in allen Bereichen Computerunterstützter Fertigung (CAM) Anwendung. An ausgewählten Beispielen wird der Umgang mit CAD-Systemen aufgezeigt. Dabei wird nicht der Anspruch erhoben, Auszubildende zu „CAD-Fachleuten" auszubilden.

Da z. B. im Stahlhochbau häufig Teile mit gleicher Funktion, aber unterschiedlichen Abmessungen (Varianten) vorkommen, können mit geeigneter Software komplexe Systeme konstruiert und berechnet werden. Fast schon ein Nebenprodukt solcher Software ist z. B. die automatisierte Stücklistenerstellung mit genauer Angabe der jeweiligen Zuschnitte und der Massenberechnung.

GLIEDERUNG

N   ERARBEITEN des Stoffes zur normgerechten Darstellung und Bemaßung.
    Nach Bearbeitung durch den Schüler stellen diese Arbeitsblätter eine wertvolle Möglichkeit zur Wiederholung und Prüfungsvorbereitung dar. Es wird Wert auf die Anwendung von Normen gelegt, denn der Schüler sollte die Aussage einer "Technischen Zeichnung" eindeutig verstehen können.

L   ANWENDEN und VERTIEFEN des Lehrstoffes an exemplarischen Übungen. Für diese Übungen sind **Lernsituationen** dargestellt. Werkstücke, bzw. Systeme werden ganzheitlich betrachtet. Dabei sollen alle Fragen von der Konstruktion bis zur Fertigung und Anwendung bearbeitet werden. Diese Übungen haben Bezug zur Praxis. Sie können bei Bedarf vom Lehrer geändert werden, um sie dem Leistungsniveau der Klasse anzupassen.

Siegfried Popp
Christian Wiedemann

Lernsituationen - Überblick

In den vorliegenden Arbeitsblättern finden Sie zu den Lernfeldern Aufgaben auf den Seiten 25 bis 80. In allen Lernfeldern sollte fächerübergreifend (FT, FZ/AP, FR, Pf, D) gearbeitet werden.

Die Aufgaben sind folgenden Anforderungen nach den Lehrplänen der Fachstufe angepasst:
- Entwerfen, Skizzieren, Planen
- Konstruieren, Zeichnen, Erstellen von Stücklisten
- Auswählen von Werkstoffen und Profilen
- Planen von Fertigungsverfahren und Arbeitsschritten
- Erstellen von Fertigungs- und Montageplänen
- Erarbeiten verschiedener Montagemöglichkeiten
- Planen, Entwickeln und Realisieren praxisgerechter Lösungen
- Ermitteln des Materialbedarfs und der Herstellungskosten

Lernfelder:

Herstellung von Baugruppen aus Blechen und **Montieren und Demontieren von Baugruppen**
Aufgaben dazu finden Sie auf den Seiten 25/26, 38 bis 41.
Die Herstellung von Blechteilen kann in Einzelfällen von Hand oder, wie auf den Seiten 25/26 gezeigt, nach CAD-Plot erfolgen, Erstellen eines NC-Programms, Fertigen mit einer NC-Maschine.
Für die Montage- und Funktionsbeschreibung ist die Laufkatze gut geeignet.

Herstellen von Konstruktionen aus Blechbauteilen
Bei den Beispielen auf den Seiten 32 bis 35 sind auftragsbezogene Teile zu zeichnen und anzufertigen. Dabei muss auch die genaue Abwicklung der Blechbauteile ermittelt werden.

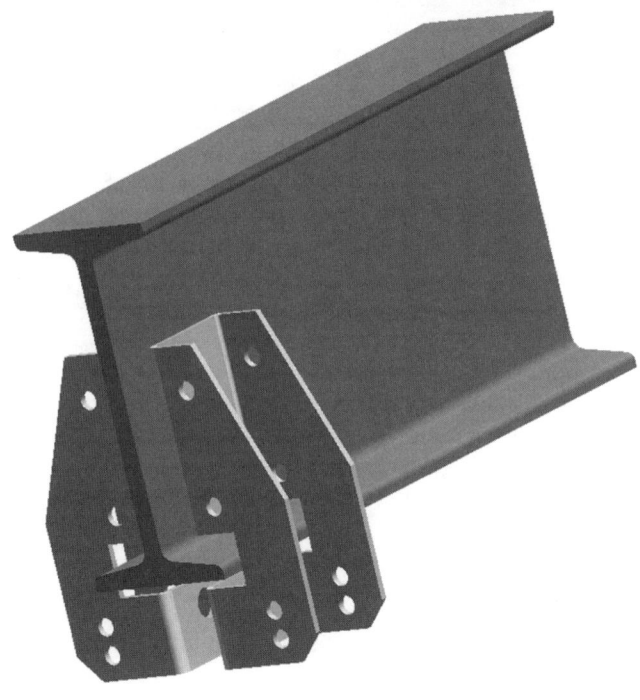

Umformen von Profilen und
Herstellung von Baugruppen aus Profilen
Auf den Seiten 36/37, 42 bis 54 Beispiele vorgegeben. Es sind Zeichnungen anzufertigen, gestreckte Längen zu ermitteln, Biegewerkzeuge zu konstruieren und anzufertigen.
Behandelt wird das Biegen von Rohren und Profilen und das Warmbiegen. Weitere Beispiele sind das Biegen mit Werkzeugen.
Ab Seite 50 finden Sie Beispiele aus dem Stahlbau. Dazu sind Bauteile zu zeichnen, zu ergänzen und zu bemaßen sowie eine Arbeitsplanung und Berechnungen zu erstellen.

Lernsituationen - Überblick

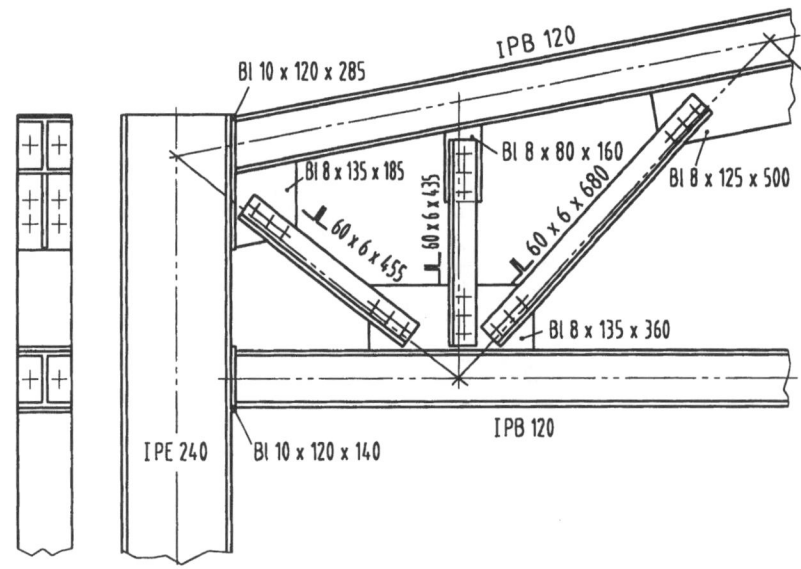

Instandhalten von Produkten der Konstruktionstechnik
Herstellen von Produkten der Konstruktionstechnik
Ändern und Anpassen von Produkten der Konstruktionstechnik

Aufgaben dazu finden Sie auf den Seiten 64 bis 66 und 70 bis 80.

Für die Stahltreppe sind Zeichnungen und die Stückliste zu ergänzen, Berechnungen durchzuführen, Werkstoffmasse und -preise zu ermitteln. Als Zusatzaufgabe sollte eine Treppe nach Kundenwunsch aus nichtrostendem Stahl entworfen und Preisvergleiche zwischen beiden Möglichkeiten gemacht werden. Der Ecklift ist eine umfangreiche Aufgabe für Zeichnen und Bemaßen, Materialbereitstellung, Arbeitsplanung, Ermitteln der Material- und Fertigungskosten, Berechnen der Kolbenkraft des Pneumatikzylinders und der Funktionsbeschreibung.

Herstellen von Konstruktionen aus Profilen und Montieren und Demontieren von Metallkonstruktionen

Aufgaben dazu finden Sie auf den Seiten 30/31, 55 bis 63 und 67 bis 69.

Die Steuerung einer Kreissägemaschine ist als Hydraulikaufgabe geeignet.

Am Binder für ein Hallendach, sowie einer Stütze für einen Fußgängerübergang sind Zeichnungen und Stücklisten zu erstellen oder zu ergänzen, Schweißangaben einzutragen, Werkstoffe und Profile auszuwählen, Berechnungen durchzuführen, Funktionen zu beschreiben und eine Montageanleitung festzulegen. Zum Montieren und Einstellen von Türen finden Sie Beispiele ab Seite 67.

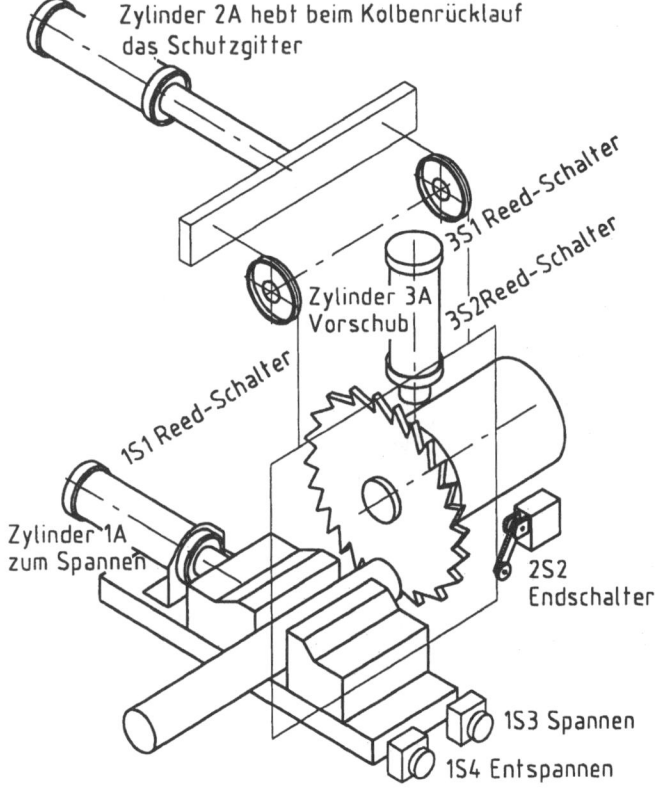

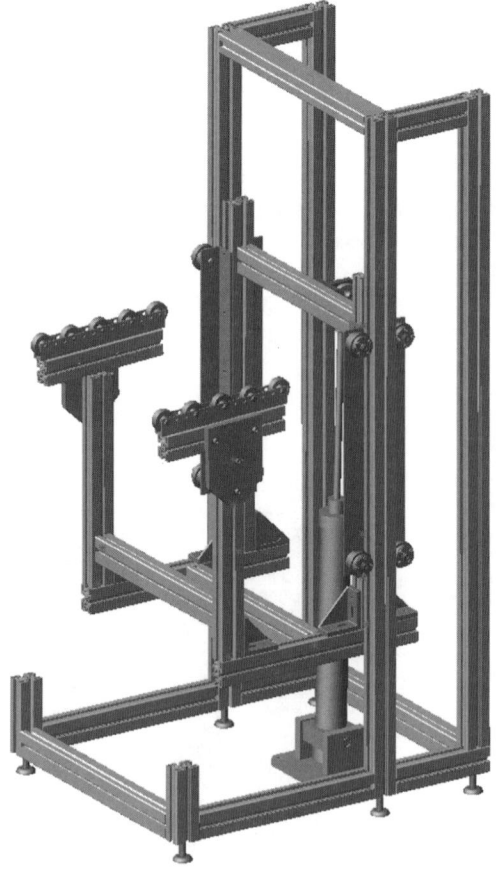

Handskizzen, Zeichenschritte

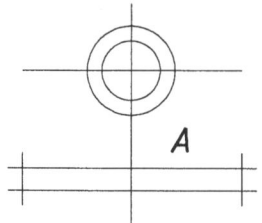
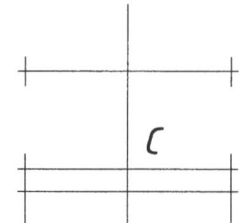

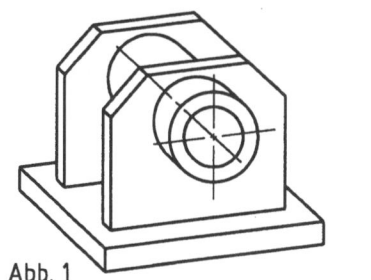
Abb. 1   1 : 2

A = Vorderansicht
B = Draufsicht
C = Seitenansicht von links

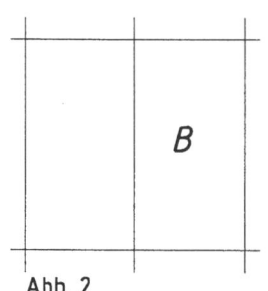
Abb. 2

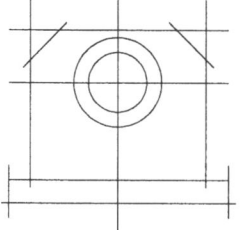
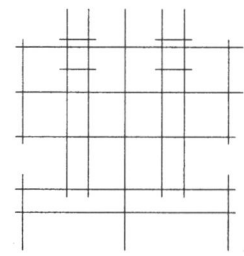

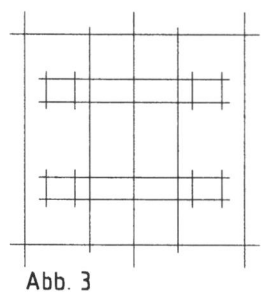
Abb. 3

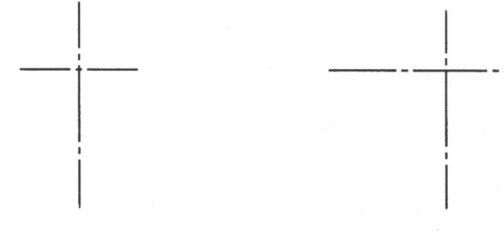

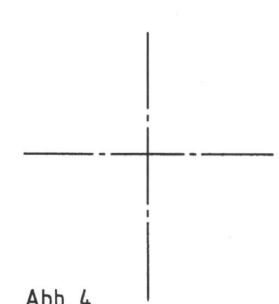
Abb. 4

Beim Zeichnen und Skizzieren zusammengesetzter Werkstücke, wie sie z. B. durch Schweißen hergestellt werden, geht man von der Grundform der Einzelteile aus.

Eine Skizze wird zwar oft "frei Hand" angefertigt, doch soll sie alle erforderlichen Angaben zur Fertigung des Werkstücks enthalten und ebenso aussagefähig sein, wie eine Zeichnung, die mit Tusche an der Zeichenmaschine, oder mit CAD (computer aided design) gezeichnet wurde.

Am Beispiel eines **Lagers** sollen die Zeichenschritte erarbeitet werden. Das **Lager** besteht aus einer Grundplatte, zwei Konsolen und einem Rohr. Die Einzelteile sind bereits gefertigt und sollen zusammengeschweißt werden.

Aufgabe:
Fertigen Sie vom **Lager** (Abb. 1) eine Skizze im Maßstab 1 : 2 nach folgenden Regeln an:
Die Zeichenschritte zeigen die Abbildungen 2 und 3.

1. Erkennen der Grundformen und Festlegen der Ansichten.
2. Festlegen der Platzeinteilung und Einzeichnen der Mittellinien mit schmalen Konstruktionslinien.
3. Skizzieren der Grundformen der Einzelteile in jeweils allen Ansichten.

Dazu wählen Sie ein markantes Maß, z. B. die Länge der Grundplatte als **Vergleichsmaß** und skizzieren alle anderen Maße im Verhältnis dazu. Die Konstruktionslinien sollen sich an den Schnittpunkten nicht nur berühren, sondern schneiden, damit das anschließende Radieren und Fertigzeichnen erleichtert wird.

4. Ausradieren aller überflüssigen Konstruktionslinien.
5. Skizzieren der Fertigform aller Einzelteile in den richtigen Linienarten.
6. Überprüfen der Skizze auf Richtigkeit der Darstellung.
7. Einzeichnen der erforderlichen Maße, Oberflächen- und Schweißangaben.

Liegen für das Werkstück Teilzeichnungen vor, werden in die Gesamtzeichnung nur Funktions-, Lage- oder Gesamtmaße eingetragen.

8. Beschriften und Ausfüllen des Schriftfeldes.

Hinweis:
Als Maßlinienbegrenzung wurden in diesen Arbeitsblättern Maßpfeile, Schrägstriche und Punkte verwendet, um mehrere Möglichkeiten zu üben.

Prismatische Werkstücke | N

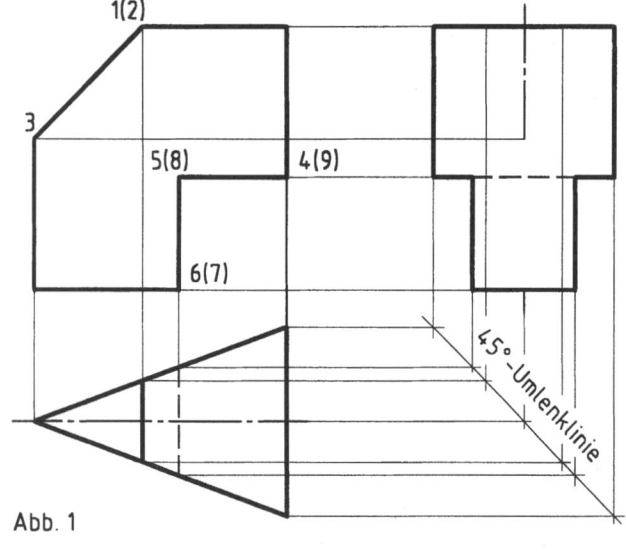
Abb. 1

Wird ein prismatischer Körper von einer Ebene geschnitten, sind die Begrenzungslinien der Schnittfläche geradlinig.

Auch schief, aber eben geschnittene Prismen haben geradlinige Begrenzungen der Schnittflächen.

Für die Konstruktion sind nur die "Grenzpunkte" erforderlich. Man erhält sie in allen drei Ansichten durch Projizieren über die **45°-Umlenklinie**.

Aufgabe:
Übertragen Sie in Abb. 1 die "Grenzpunkte" in alle drei Ansichten und ergänzen Sie Ansicht C (Seitenansicht von links).

Beachten Sie:
Bezeichnungen für Punkte, die hinter der Zeichenebene liegen, werden in Klammern geschrieben.

Wird ein prismatischer Körper durch gekrümmte Flächen geschnitten, wie sie sich z. B. durch Bearbeitung mit einem Bohrer oder Fräser ergeben, sind die Begrenzungslinien der Schnittflächen auch gekrümmt.

Aufgabe:
Ergänzen Sie Abb. 2, indem Sie weitere Hilfsschnitte an geeigneten Stellen anbringen.

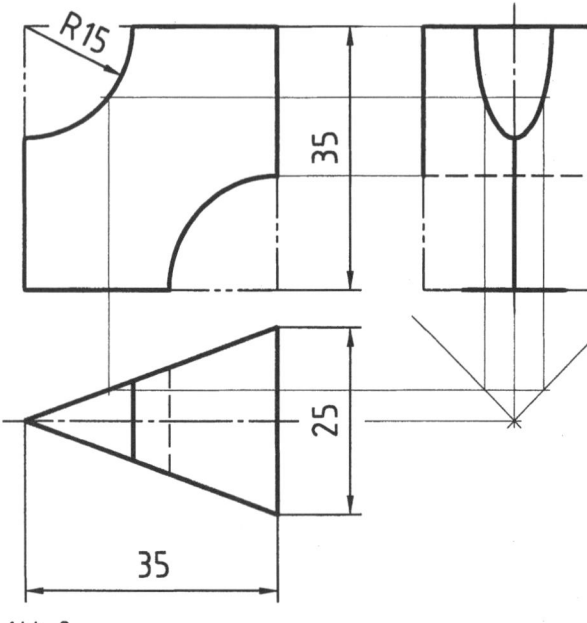
Abb. 2

Hinweis:
Bei symmetrischen Werkstücken kann man die 45°-Umlenklinie (Spiegelgerade) von der verlängerten Mittellinie aus unter 45° nach oben abknicken. Die Konstruktionslinien werden dann bis zur zweiten 45°-Umlenklinie durchgezogen und von dort nach oben zur Ansicht C projiziert. Damit kann Zeichenarbeit gespart und Genauigkeit gewonnen werden.

Für das Werkstück in Abb. 3 soll als Halbzeug ein Al-Profil verwendet werden.

Aufgabe:
Geben Sie die Norm-Kurzbezeichnung des Al-Profils an.

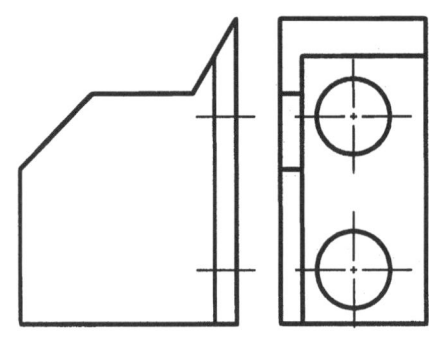

Aufgabe:
Bemaßen Sie das Werkstück in Abb. 3 nach folgenden Regeln:
- Kurven und Schrägen, welche sich durch die Bearbeitung ergeben, werden nicht bemaßt.
- Der Querschnitt des Werkstücks soll möglichst dort bemaßt werden, wo er als Fläche in seiner wirklichen Form und Größe zu erkennen ist. Das ist im Beispiel Abb. 3 die Draufsicht B.

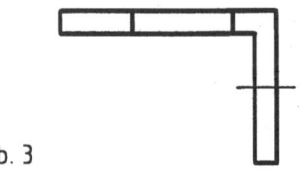
Abb. 3

Abwicklungen - Prismatische Werkstücke

N

Die **Abwicklung** eines Körpers ist die "Ausbreitung" seiner Oberfläche in einer Ebene.

Fläche links + Fläche hinten + Fläche rechts + Fläche vorne + Deckfläche + Grundfläche = Abwicklung (Zuschnitt)

Die **wahre Größe** einer Strecke, oder einer Fläche sieht man nur, wenn der Blick senkrecht darauf gerichtet ist.

Die Längen der Strecken können mit dem Zirkel übertragen werden.

Aufgabe:
Übertragen Sie die Punkte 1 bis 8 in alle Ansichten und ergänzen Sie die Abwicklung. Beachten Sie dabei: **Umrisslinien** werden mit breiten Volllinien, **Biegelinien** mit schmalen Volllinien gezeichnet.

Aufgabe:
Kreuzen Sie die richtigen Aussagen an.
Die wahre Größe von:

B erkennt man in	A	B	C
b erkennt man in	A	B	C
H erkennt man in	A	B	C
h erkennt man in	A	B	C

Name	Klasse	Datum	Blatt

Zylindrische Werkstücke

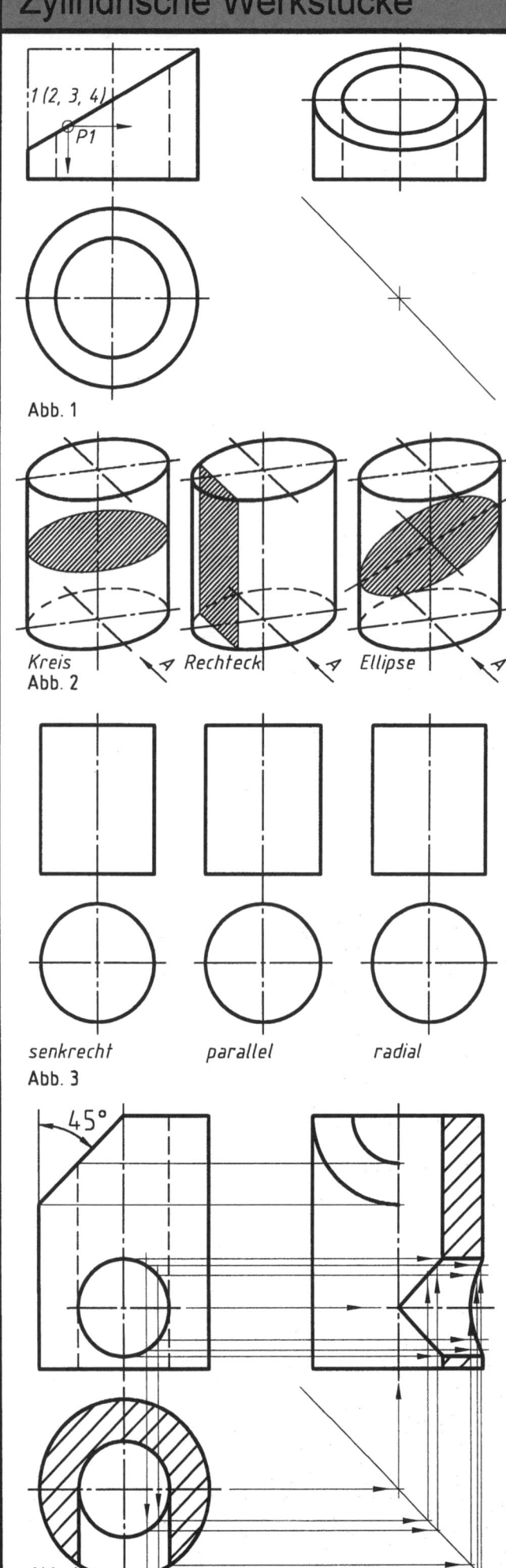

Abb. 1

Abb. 2 — Kreis, Rechteck, Ellipse

Abb. 3 — senkrecht, parallel, radial

Abb. 4

Jeder Punkt eines Werkstücks kann über die 45°-Umlenklinie in alle Ansichten projiziert werden.

Aufgabe:
Projizieren Sie den Punkt P1 und, da es sich um einen Hohlzylinder handelt, weitere drei dahinter liegende Punkte in B (Draufsicht) und C (Seitenansicht von links). Kennzeichnen Sie die Punkte mit Ziffern und die Projektionsrichtungen mit Pfeilen.

Bezeichnungen für Punkte, die hinter der Zeichenebene liegen, werden in Klammern geschrieben.

Aufgabe:
Ergänzen Sie folgende Aussagen:
– Wird ein zylindrisches Werkstück bearbeitet, ergibt ein Schnitt in der Vorderansicht
– senkrecht zur Achse in   B   einen _____
– parallel zur Achse in   C   ein _____
– schräg zur Achse in   C   eine _____

Sonderfall:
Ein Schnitt in A (Vorderansicht) unter 45° zur Achse

ergibt in   C   einen _____

Die Begrenzungspunkte der Schnittflächen erhält man durch Hilfsschnitte, die senkrecht, parallel oder radial zur Achse verlaufen können.

Nach dem **Scheibenschnittverfahren** denkt man sich das Werkstück in parallele Scheiben geschnitten.

Nach dem **Radialschnittverfahren** denkt man sich das Werkstück radial in Segmente geschnitten. Vorteilhaft und hinreichend genau sind 12 Segmente.

Aufgabe:
– Zeichnen Sie in Abb. 3 senkrechte und parallele Hilfsschnitte ein.
– Zeichnen Sie in Abb. 3 radiale Hilfsschnitte ein, so dass sich 12 Segmente ergeben.

Durchdringen sich zwei Zylinder mit verschieden großen Durchmessern, erhält man die Durchdringungslinien mit Hilfe des Scheibenschnittverfahrens.

Durchdringen sich zwei Zylinder mit gleichen Durchmessern, ergeben die Durchdringungslinien Geraden von 45°. Diese Durchdringungslinien müssen nicht konstruiert werden.

Aufgabe:
Kennzeichnen Sie in Abb. 4 die Hilfsschnitte, die für das Zeichnen der Durchdringungslinien nicht erforderlich sind.

Abwicklungen - Zylindrische Werkstücke

Eine **Zylinderabwicklung** ist die "Ausbreitung" einer Zylinderoberfläche auf einer Ebene.
Denkt man sich auf dem **Umfang** eines Zylinders in Längsrichtung in gleichen Abständen Linien (**Zylindermantellinien**) aufgezeichnet, so würden diese Linien den abgewickelten Zylinder in gleiche Teile teilen.

$$U = d \cdot \pi$$

Aufgabe:
Konstruieren Sie die **Zylindermantelabwicklung** nach folgenden Regeln:
1. Umfang als Gerade fluchtend zur Grundlinie rechts von A abtragen
2. Diese Gerade (Umfang) in 12 gleiche Teile teilen und auf den Schnittpunkten senkrechte Hilfslinien errichten.
3. B in 12 gleiche Segmente teilen, mit Ziffern 1 bis 12 kennzeichnen (**Radialschnittverfahren**) und Schnittpunkte mit dem Kreis nach A übertragen
4. Die Schnittpunkte von A nach rechts übertragen ergeben, mit den Schnittpunkten der Mantellinien der Abwicklung, die Längen der entsprechenden Mantellinie.

Um unnötigen Verschnitt bei der Fertigung zu vermeiden, ist es meist besser, die Abwicklung mit der kurzen Seite zu beginnen. Kennzeichnen Sie deshalb die Grundlinie der Abwicklung nach diesem Vorschlag mit Ziffern.

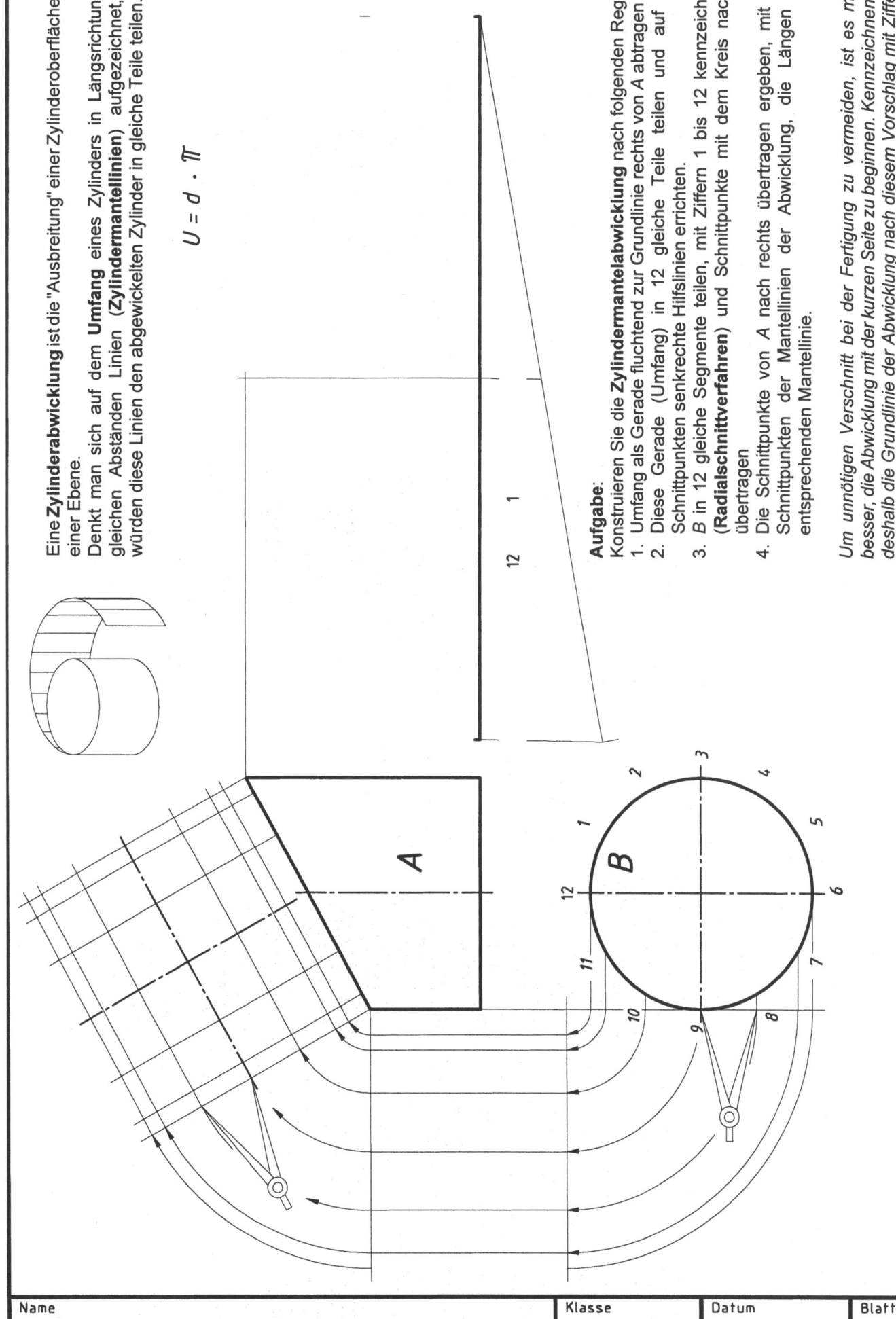

Pyramidenförmige Werkstücke N

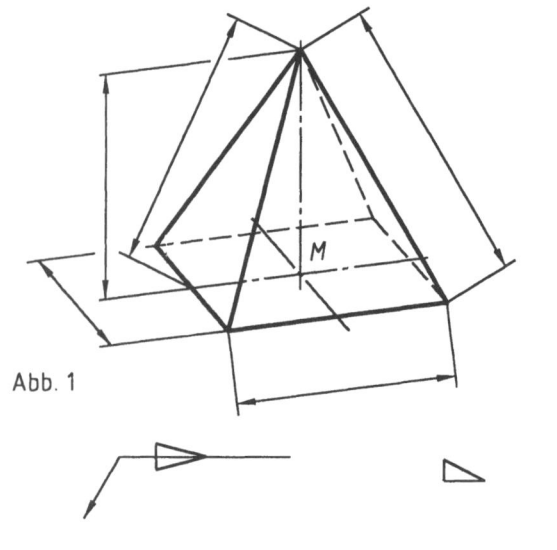

Abb. 1

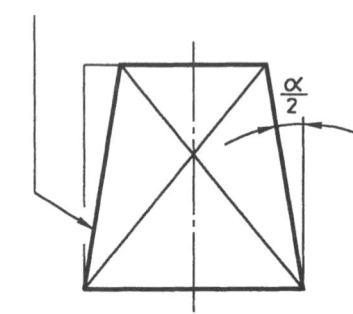

Abb. 2

Pyramiden sind Spitzkörper.
Sie können quadratische, rechteckige oder vieleckige Grundflächen haben.
Bei einer geraden Pyramide steht die Spitze senkrecht über dem Mittelpunkt der Grundfläche.
Bei einer schiefen Pyramide steht die Spitze nicht senkrecht über dem Mittelpunkt der Grundfläche.

Aufgabe:
Tragen Sie in Abb.1 die Maßbuchstaben für die Höhe h, die Seitenlängen a der Grundfläche, die wahre Länge h' der Seitenflächen und die wahre Länge der Kanten ein.

Nach Funktion und Fertigung können zusätzliche Angaben zur **Neigung** oder zur **Verjüngung** erforderlich sein. Diese Angaben werden mit **Symbolen** parallel zur Symmetrielinie, mit Verhältnis- oder %-Angaben eingetragen.

Aufgabe:
Tragen Sie in Abb. 2 die Benennungen der Symbole für Neigung und Verjüngung ein.

Aufgabe:
Berechnen Sie die Neigung, die Verjüngung und den Einstellwinkel $\alpha/2$ für das Werkstück in Abb. 3 und bemaßen Sie das Werkstück.

Neigung =

Verjüngung

$tan \frac{\alpha}{2} =$

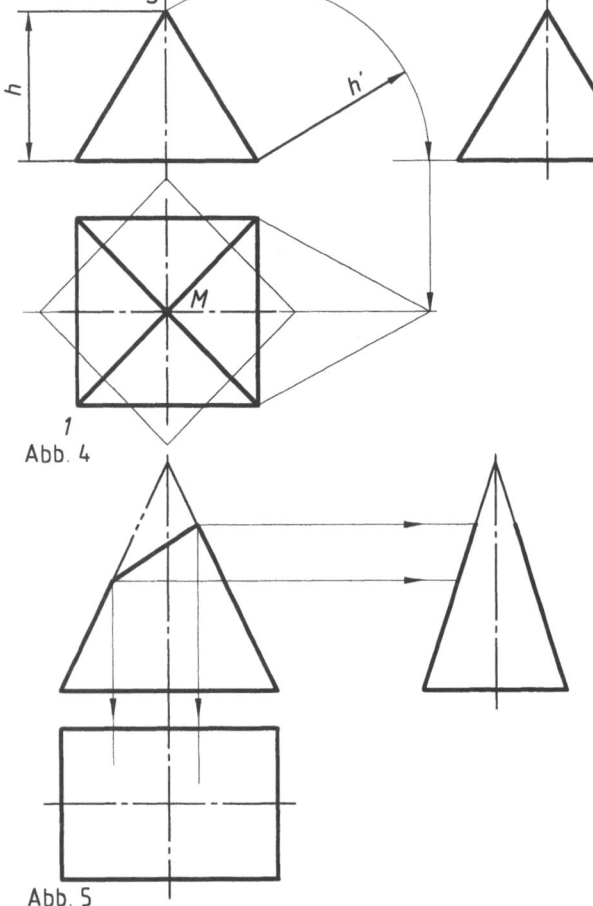

Abb. 3

Abb. 4

Abb. 5

Die **Kanten** einer Pyramide sind in allen drei Ansichten **geneigt** dargestellt.
Um die **wahre Länge** einer Kante konstruieren zu können, muss sie parallel zu einer Projektionsebene liegen.
Aus diesem Grund denkt man sich die Pyramide in der Draufsicht so weit gedreht, dass die Ecken auf der waagrechten Symmetrielinie liegen. Siehe Abb. 4. Punkt 1 wird zu Punkt 1'.

Aufgabe:
Projizieren Sie in Abb. 4 den Punkt 1' in die Vorderansicht und konstruieren Sie die wahre Länge (Strecke $\overline{1''S}$) der Pyramidenkante.

Die **wahre Größe** einer Pyramidenseite erhält man über den Radius h'.

Aufgabe:
Ergänzen Sie Abb. 5 nach folgenden Regeln:
Wird eine Pyramide durch eine Ebene geschnitten, sind die Begrenzungslinien der Schnittflächen geradlinig.
Die Pyramidenkanten laufen in der Draufsicht zur Mitte.

Radialschnitt- / Mantellinienverfahren

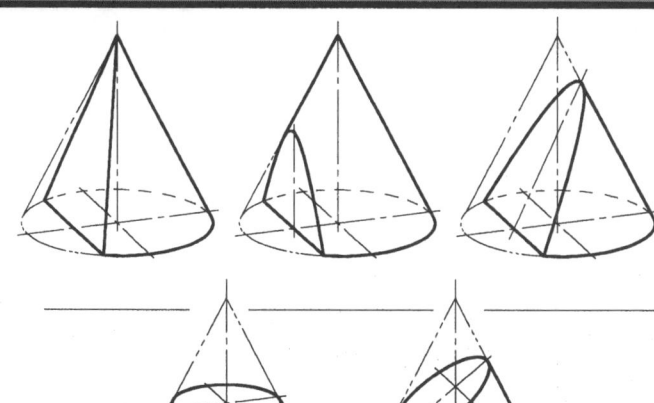

Abb. 1

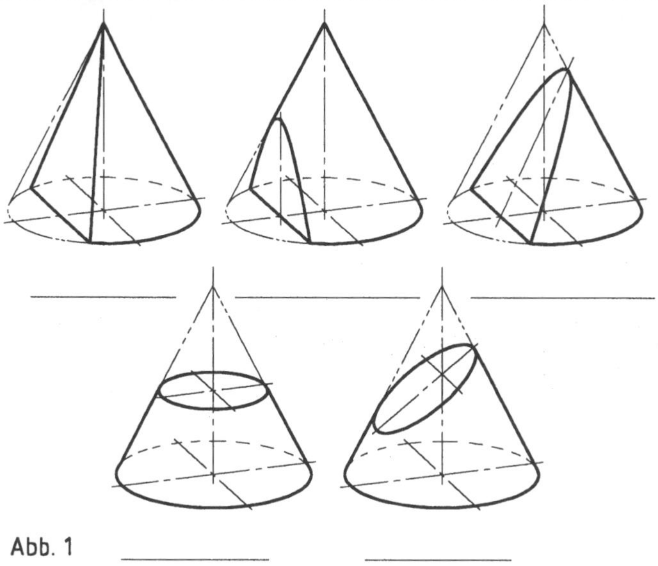

Schneidet man einen geraden **Kreiskegel** entstehen, je nach Lage der Schnittebenen verschiedene Schnittflächen.

Aufgabe:
Geben Sie in Abb. 1 die Form der Schnittflächen (*Parabel, Hyperbel, Dreieck, Ellipse, Kreis*) an, wenn der Schnitt, wie jeweils angegeben, durch den Kegel verläuft und kennzeichnen Sie die Schnittflächen farbig.

Beim Zeichnen beginnt man grundsätzlich mit der Kreisdarstellung und zeichnet dann den unveränderten Kegel. Die ersten **Kurvengrenzpunkte** in A und C findet man durch Projizieren über die 45°-Umlenklinie.

Aufgabe:
Übertragen Sie in Abb. 2 die Punkte 1 ... 4 in A und C.

Die Projektionslinien schneiden den Kegel in "Scheiben". Daher nennt man dieses Projektionsverfahren **Scheibenschnittverfahren**.

Aufgabe:
Berechnen Sie den Einstellwinkel α/2 und die Verjüngung und bemaßen Sie Abb. 2.

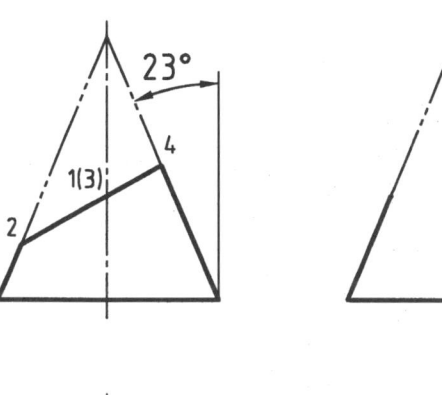

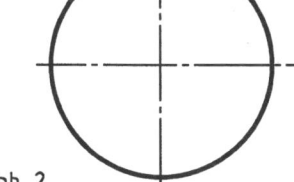

Abb. 2

$$\text{Verjüngung } C = \frac{D-d}{l} =$$

$$\tan\frac{\alpha}{2} = \frac{D-d}{l} = \qquad \frac{\alpha}{2} =$$

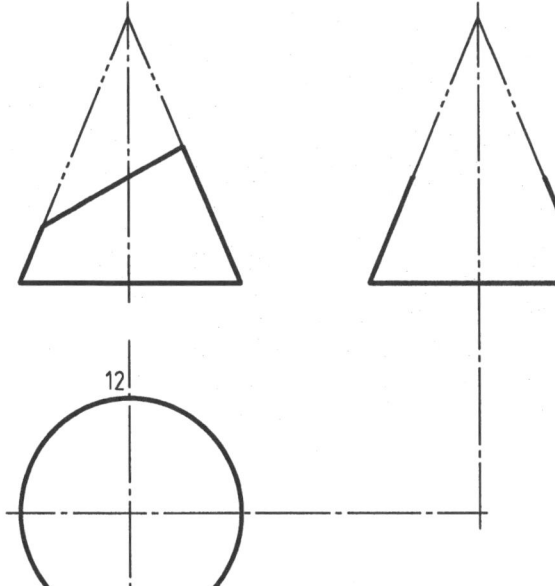

Abb. 3

Für Schnitte, die sich näher zur Grundlinie neigen und für Kegelmantelabwicklungen eignet sich das **Radialschnittverfahren**. Dabei wird B radial in z. B. 12 gleiche Segmente eingeteilt.

Die Schnittpunkte der radialen Linien mit dem Kreis werden nummeriert und in A bzw. in C zur Spitze hin projiziert. Die Verbindungslinien dieser Punkte zur Spitze bilden in allen drei Ansichten "Kegelmantellinien". Diese "Kegelmantellinien" bilden in A Schnittpunkte mit der Schnittkante an der Deckfläche. Diese Schnittpunkte werden nach B und C projiziert. Wo sie sich in B mit den radialen Linien schneiden, ergeben sich weitere Kurvengrenzpunkte.

Aufgabe:
Ergänzen Sie Abb. 3 entsprechend und zeichnen Sie die Ellipsen ein.

Abwicklungen - Kegel, Pyramide

Die Grundform der Abwicklungen von Spitzkörpern bilden Segmente von Kreisbögen mit den Radien der wahren Längen der Mantellinien.

Aufgabe:
Konstruieren Sie die Kreiskegelabwicklung in Abb. 1.
- Grundkreis in 12 gleiche Segmente einteilen (Halbkreis an der Grundlinie als Hilfskonstruktion).
- Die Schnittpunkte mit dem Hilfskreis zur Grundlinie abgetragen und von dort zur Spitze hin abgelenkt ergeben Kegelmantellinien.
- Die wahre Länge dieser Kegelmantellinien ergibt sich durch Drehen des Kegels bis die jeweilige Linie auf der äußeren Kegelmantellinie (bei 3 oder 9) liegt. Dort können sie mit dem Zirkel direkt abgegriffen und in die Abwicklung übertragen werden.
- Zwei Kreisbögen mit $R1 = L$ und $R2 = L - l$ von der Kegelspitze aus zeichnen.
- Die Bogenlänge des äußeren Kreisbogens soll dem Umfang der Grundfläche entsprechen.
- Mit dem Zirkel die Teilstrecken (z. B. $\overline{3\,4}$) zwölfmal abtragen.
- Grund- und Deckfläche sind Kreise, die je nach Platzeinteilung oder Zuschnittermittlung an die Mantelabwicklung gezeichnet werden.

Aufgabe:
Ermitteln Sie den Fehler, der sich durch das Abgreifen mit dem Zirkel gegenüber der Berechnung der Bogenlänge ergibt mit folgenden Formeln:

Bogenlänge:

$$L = \sqrt{\left(\frac{D}{2}\right)^2 + H^2} \qquad L = \sqrt{\left(\underline{}\right)^2 + }$$

Winkel:

$$\alpha = \frac{D}{L} \cdot 180 \qquad \alpha =$$

Winkel α gemessen: _____

Bei Pyramidenabwicklungen ist zu beachten, dass die wahre Länge der Pyramidenkanten und die lotrecht auf der Grundlinie errichtete wahre Länge der Pyramidenseite h' unterschiedlich groß sind.

Aufgabe:
Konstruieren Sie die Pyramidenabwicklung für die Pyramide mit quadratischer Grundfläche in Abb. 2.

Hinweis:
Es ist zweckmäßig, wenn man mit dem Zeichnen einer halben Seite an der dazugehörenden Seitenfläche beginnt. Das Abtragen der wahren Längen geschieht mit dem Zirkel.

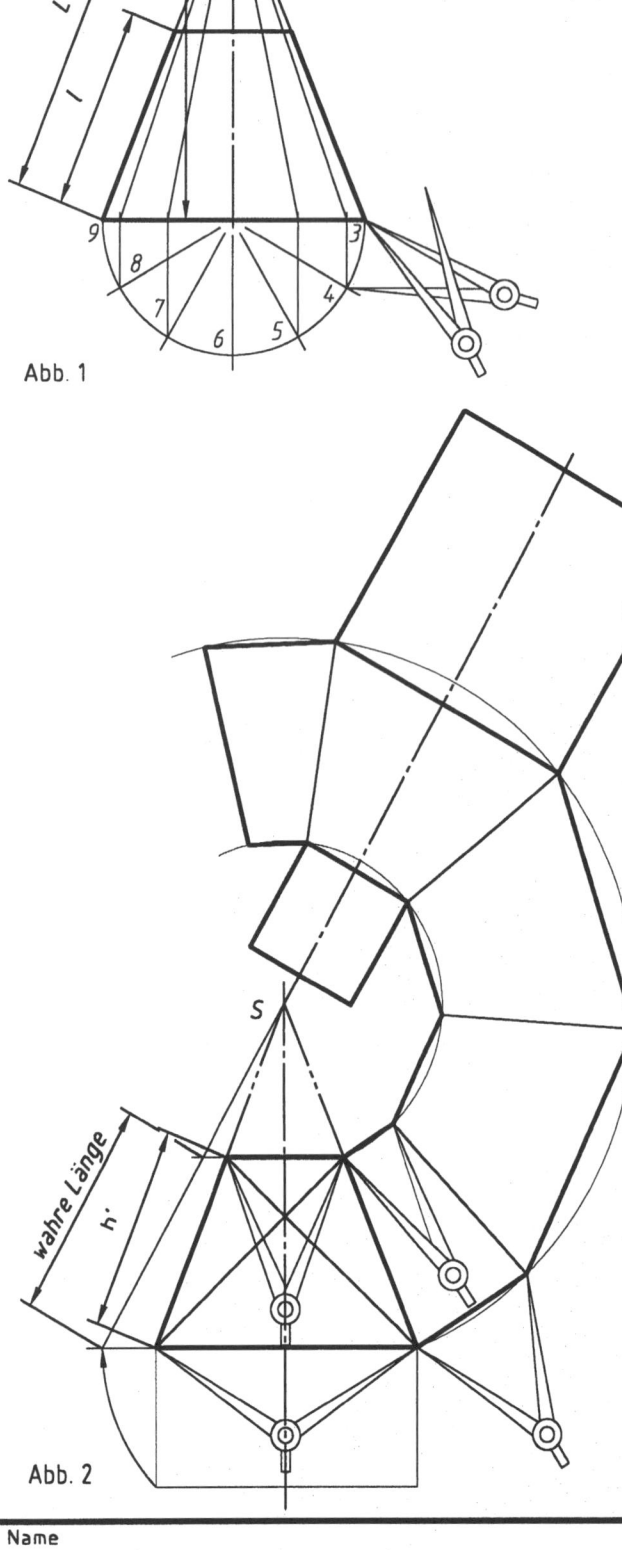

Abb. 1

Abb. 2

Verbindungselemente

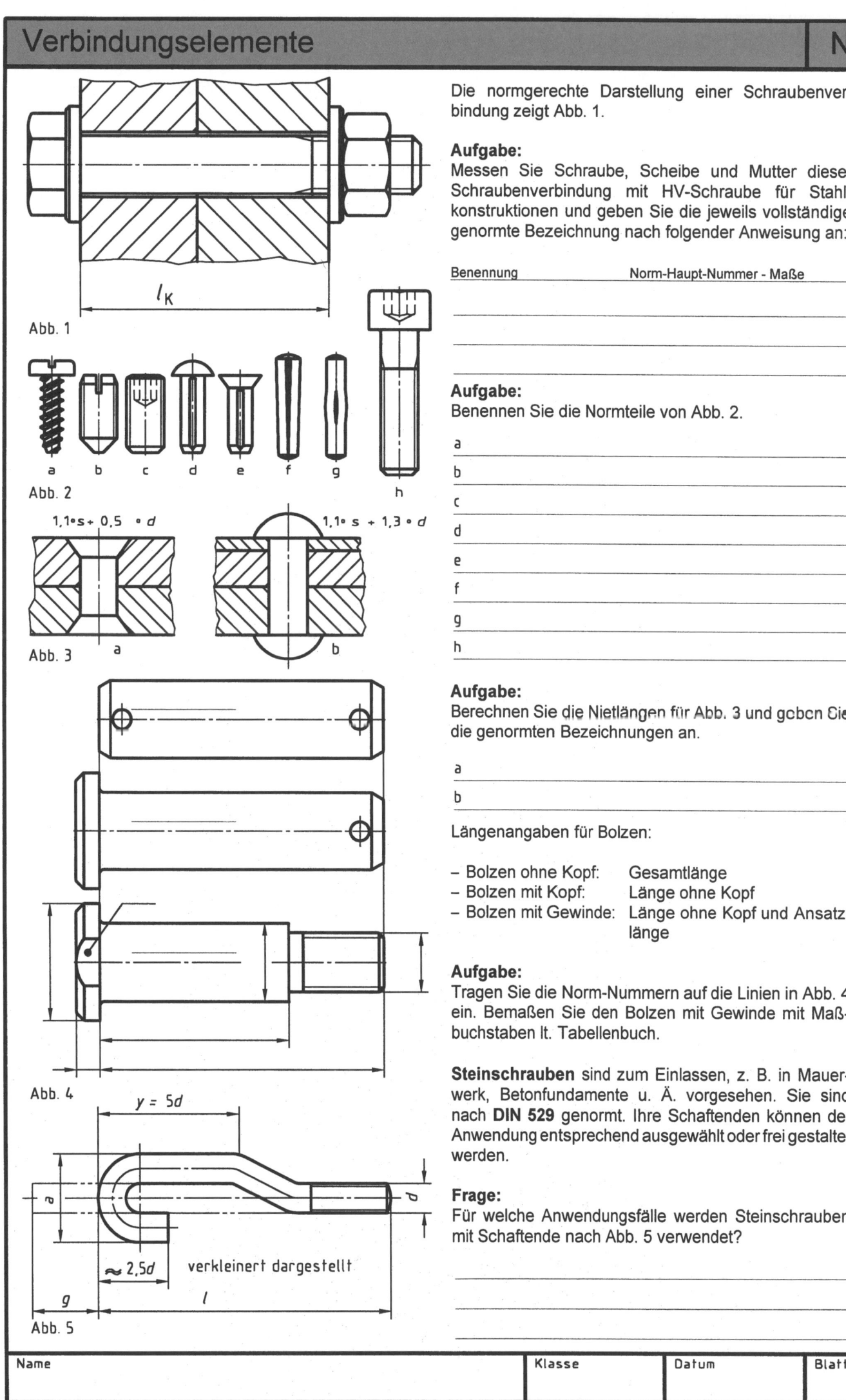

Die normgerechte Darstellung einer Schraubenverbindung zeigt Abb. 1.

Aufgabe:
Messen Sie Schraube, Scheibe und Mutter dieser Schraubenverbindung mit HV-Schraube für Stahlkonstruktionen und geben Sie die jeweils vollständige genormte Bezeichnung nach folgender Anweisung an:

Benennung   Norm-Haupt-Nummer - Maße

Aufgabe:
Benennen Sie die Normteile von Abb. 2.

a
b
c
d
e
f
g
h

Aufgabe:
Berechnen Sie die Nietlängen für Abb. 3 und geben Sie die genormten Bezeichnungen an.

a
b

Längenangaben für Bolzen:

– Bolzen ohne Kopf: Gesamtlänge
– Bolzen mit Kopf: Länge ohne Kopf
– Bolzen mit Gewinde: Länge ohne Kopf und Ansatzlänge

Aufgabe:
Tragen Sie die Norm-Nummern auf die Linien in Abb. 4 ein. Bemaßen Sie den Bolzen mit Gewinde mit Maßbuchstaben lt. Tabellenbuch.

Steinschrauben sind zum Einlassen, z. B. in Mauerwerk, Betonfundamente u. Ä. vorgesehen. Sie sind nach **DIN 529** genormt. Ihre Schaftenden können der Anwendung entsprechend ausgewählt oder frei gestaltet werden.

Frage:
Für welche Anwendungsfälle werden Steinschrauben mit Schaftende nach Abb. 5 verwendet?

Verbindungen - Symbole, Bemaßung   N

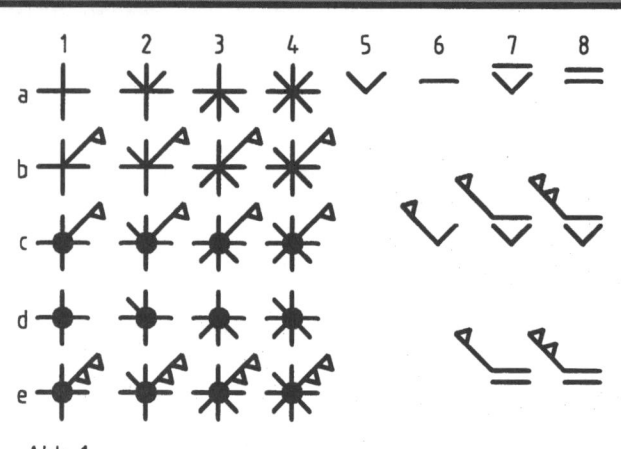

Abb. 1

An großen Bauteilen im Stahlbau werden Löcher und Verbindungselemente mit Sinnbildern nach **ISO 5845-1** dargestellt.

Aufgabe:
Erklären Sie einige ausgewählte Symbole aus der Tabelle Abb. 1.

a1 _____

a4 _____

b3 _____

_____

d4 _____

_____

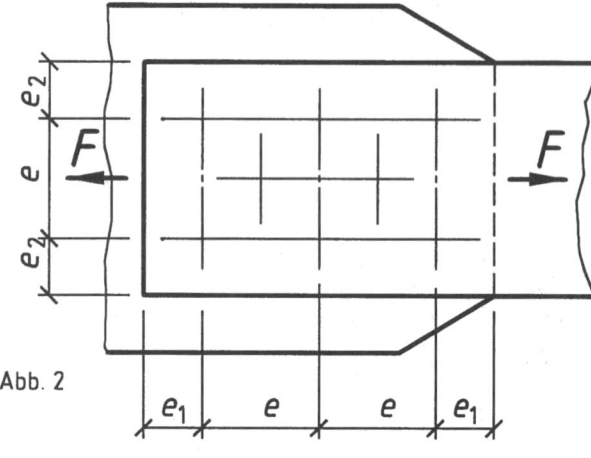

Abb. 2

Um Verwechslungen mit Schwerpunktlinien zu vermeiden, werden Mittellinien mit schmalen Volllinien, Symbole mit breiten Volllinien gezeichnet.

Anreißmaße für Profile sind in **DIN 997** genormt. Lochabstände bei Verbindungen (Fachwerkbau) sind in **DIN 18 800** genormt.

Lochabstand: $e = 3 \cdot d$ bis $6 \cdot d$
Endabstand: $e_1 = 2 \cdot d$ bis $3 \cdot d$
Randabstand: $e_2 = 1{,}5 \cdot d$ bis $3 \cdot d$
d = Durchgangsloch

Die Abstände werden auf die Endzahl 0 oder 5 aufgerundet.

Aufgabe:
Wählen Sie aus der Tabelle Abb. 1 Symbole für die Verbindung in Abb. 2 aus und tragen Sie diese in die Zeichnung ein.
– Die Teile sind auf der Vorderseite angesenkt.
– Auf der Baustelle sollen Sechskantschrauben eingebaut werden.

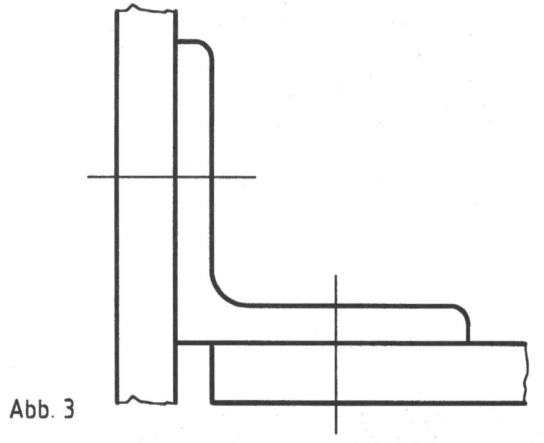

Abb. 3

Um Schrauben und Niete unterscheiden zu können, wird bei der Schraubenbezeichnung das Kurzzeichen für die Gewindeart vorangestellt.

Aufgabe:
Zeichnen Sie in Abb. 3 Symbole nach **DIN ISO 5261** für eine Schraubenverbindung mit Sechskantschrauben und Muttern ein.
– Die Schrauben sollen auf der Baustelle eingebaut werden.
– Die Lage der Mutter ist rechts oben.
– Ermitteln Sie die Lochabstände mit Hilfe des Tabellenbuchs.
– Tragen Sie die Maße ein.

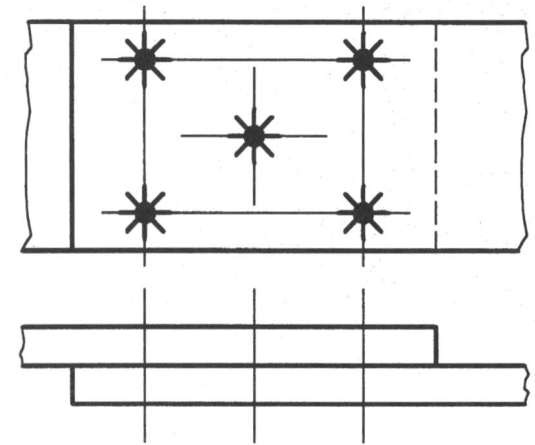

Abb. 4

Aufgabe:
Abb. 4 zeigt die Vorderansicht und die Draufsicht einer Verbindung. Zeichnen Sie in der Draufsicht Symbole für Niete ø5 nach **DIN 302** ein und bemaßen Sie die Lochabstände.

| Name | Klasse | Datum | Blatt |

Metallbauzeichnungen - Bemaßung

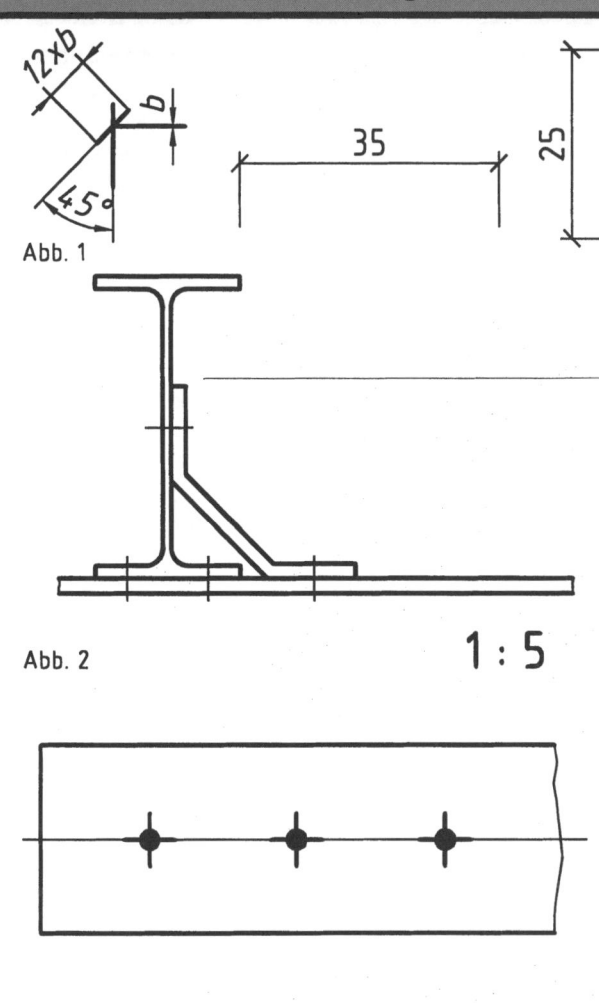

Abb. 1

Abb. 2 1:5

Abb. 3 1:5

Abb. 4 1:5

Abb. 5 1:5

Die Bemaßung von Metallbauzeichnungen ist in **DIN 406** und **DIN ISO 5261** festgelegt.

Als Maßlinienbegrenzung wird ein kurzer Schrägstrich unter 45° zur Leserichtung durch den Schnittpunkt von Maß- und Maßhilfslinie oder Körperkante gezogen. Die Länge ist 12 · Maßlinienbreite.

Aufgabe:
Bemaßen Sie die Lage der Verbindungselemente in Abb. 2 nach folgenden Regeln:
– Maßhilfslinien sind von den Symbolen für Löcher, Schrauben und Niete in der Zeichenebene parallel zu ihren Achsen zu trennen.
– Durchmesser der Löcher oder Bezeichnungen für Schrauben und Niete werden in der Nähe des Symbols mit Hinweislinie und Pfeil angegeben.

Aufgabe:
Zeichnen Sie in Abb. 3 die Lagemaße für Sechskantschrauben DIN 7990-M16x80 ein und geben Sie die Norm-Kurzbezeichnung mit Pfeil und Hinweislinie an.

Symmetrisch angeordnete Löcher werden in Bezug zur Symmetrielinie bemaßt.

Aufgabe:
Zeichnen Sie in Abb. 4 die Symbole für Löcher, in der Werkstatt gebohrt, und die Lagemaße ein.

Schrägen werden als Längenmaße angegeben.

Aufgabe:
Bemaßen Sie in Abb. 5 die Schrägen:
– Linke Schräge: "Aussparungsbemaßung"
– Rechte Schräge: "Restbemaßung"
Restbemaßung ist bevorzugt anzuwenden.

Profilstähle werden mit Kurzzeichen im oder in der Nähe des Profils eingetragen.

Aufgabe:
Tragen Sie in Abb. 2 die Profilbezeichnung auf die Schreiblinie ein.
Bezeichnung nach DIN 1025-2   nach Euronorm

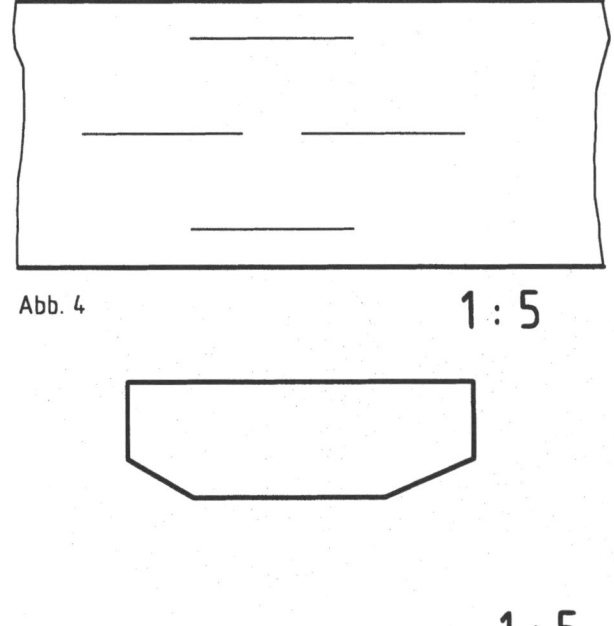

- Trägerform
- Euronorm
- B = Basis
- M = Maximum
- A = Allegre
- Kurzzeichen für Höhe

Bleche werden mit der Dicke und mit den Maßen für die Größe bezeichnet.

Aufgabe:
Geben Sie die Norm-Kurzbezeichnung für das Blech (Dicke 10 mm) in Abb. 5 an.

Schweißnähte N

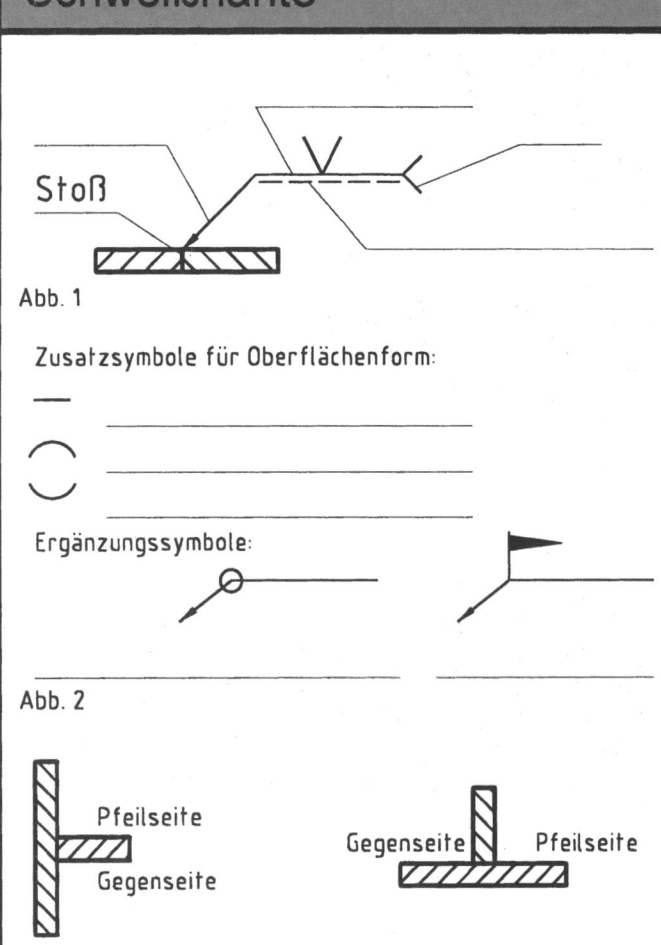

Abb. 1

Zusatzsymbole für Oberflächenform:

Ergänzungssymbole:

Abb. 2

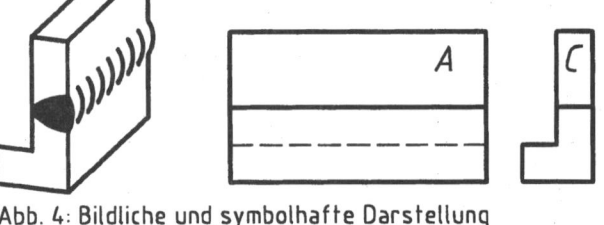

Abb. 3

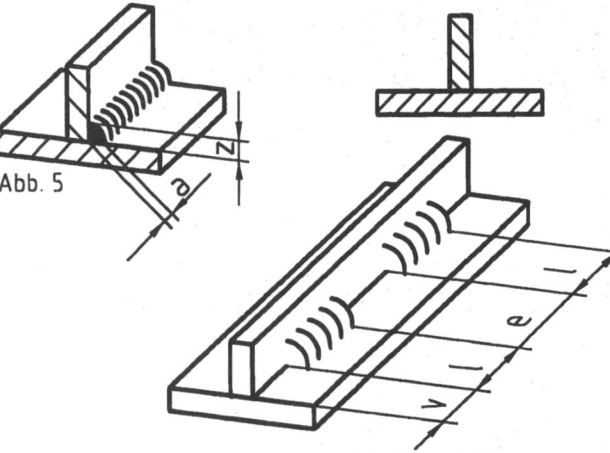

Abb. 4: Bildliche und symbolhafte Darstellung

Abb. 5

Abb. 6: Unterbrochene Naht, bildliche Darstellung

Abb. 7: Unterbrochene Naht, symbolhafte Darstellung

In der Technik finden unterschiedliche Schweißnahtarten Anwendung. Die Wahl der Nahtart wird bestimmt durch: Schweißstoßart, Fugenform, Werkstoff, Schweißverfahren, Position und Fertigungsmöglichkeit. Die zeichnerische Darstellung von Schweiß- und Lötnähten erfolgt nach **DIN EN 22553**.

Die Eintragung der Symbole erfolgt an einem Bezugszeichen (Abb. 1), welches möglichst parallel zur Hauptleserichtung der Zeichnung verlaufen soll. Das Bezugszeichen wird in der Linienart der Maßeintragung gezeichnet. Es besteht aus Pfeillinie, Bezugs-Volllinie, Bezugs-Strichlinie und Gabel für zusätzliche Angaben.

Aufgabe:
Ergänzen Sie die Bezeichnungen in Abb 1.

Zur Kennzeichnung von Schweißnähten stehen **Grundsymbole** zur Verfügung, die nach Bedarf zusammengesetzt und ergänzt werden dürfen. Sie sind vorzugsweise auf die Bezugs-Volllinie zu setzen.

Zusatzsymbole geben die Oberflächenform an.
Ergänzungssymbole geben den Verlauf der Nähte an.

Aufgabe:
Benennen Sie in Abb. 2 die Zusatzsymbole für:
Ebene Naht, ringsum verlaufende Naht, hohle (konkave) Naht, auf der Baustelle geschweißte Naht (Montagenaht), gewölbte (konvexe) Naht.
– Die Naht befindet sich auf der Pfeilseite, wenn das Symbol auf der Bezugs-Volllinie angeordnet ist.
– Die Naht befindet sich auf der Gegenseite, wenn das Symbol auf der Bezugs-Strichlinie angeordnet ist.

Aufgabe:
Tragen Sie in Abb. 3 Symbole für Kehlnaht ein, bei:
– Schweißnaht auf der Pfeilseite
– Schweißnaht auf der Gegenseite

Die Symbole kennzeichnen nur die Nahtart. Sie können durch Angabe der Maße für Nahtdicke (a) und Schenkellänge (z) für Kehlnähte und Nahtdicke (s) für Stumpfnähte ergänzt werden. Sind darüber hinaus noch Angaben z. B. zu Schweißverfahren, Bewertungsgruppe, Ausführung der Verbindung, Zusatz- u. Hilfsstoffen erforderlich, werden diese in eine Gabel am Ende der Bezugsvolllinie eingetragen.

Aufgabe:
Kennzeichnen Sie die Schweißnähte in Abb. 4 und Abb. 5.

Bei **unterbrochenen Nähten** wird Anzahl (n) und Länge (l) der Einzelnähte, sowie der Abstand (e) zwischen den Einzelnähten angegeben. Das Vormaß (v) wird in der Ansicht bemaßt.

Die Naht in Abb. 6 und Abb. 7 soll durch Elektrodenhandschweißen (111) in Wannenposition (PA) mit Stabelektroden E 42 0 RB 12 nach DIN EN 499 geschweißt werden. Bewertungsgruppe ist C nach ISO 5817.

Name		Klasse	Datum	Blatt

Fügeverbindungen - Gestaltungsregeln   N

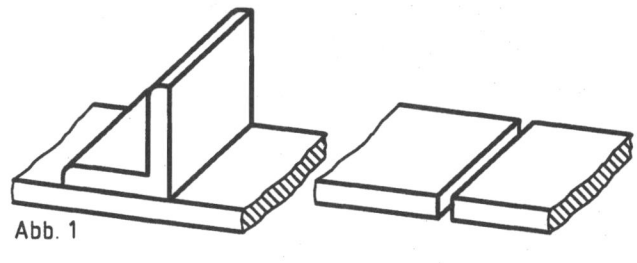
Abb. 1

Konstruktionen aus Stahl sollen:
- Funktionen erfüllen
- statische, dynamische und schwingende Kräfte aufnehmen
- gut aussehen
- wirtschaftlich hergestellt werden können.

Verbindungstechniken sind der Funktion und der Fertigung entsprechend auszuwählen.

Aufgabe:
Ordnen Sie den Verbindungen in Abb. 1 die geeigneten Verbindungstechniken (Schrauben, Schweißen) zu.

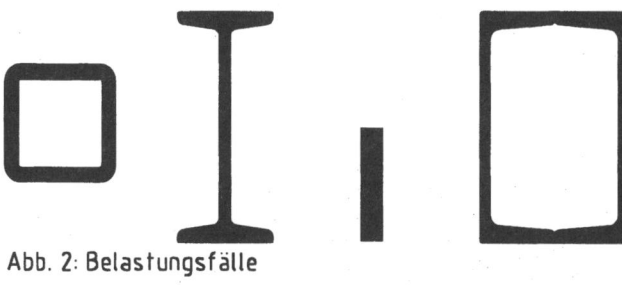
Abb. 2: Belastungsfälle

Aufgabe:
Tragen Sie an den Profilen in Abb. 2 ein, für welche Belastungskräfte sie geeignet sind.
D für Druckkräfte
Z für Zugkräfte
T für Torsionskräfte
B für Biegekräfte

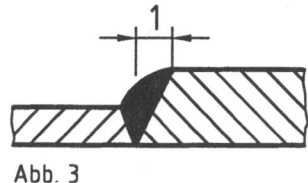
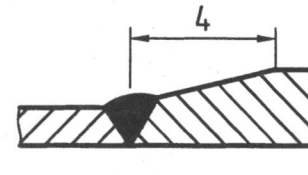
Abb. 3

Der Dickenwechsel am Übergang von Gurtplatten soll allmählich erfolgen. Die Abschrägung beträgt bei:
- statisch belasteten Bauteilen   1 : 1
- dynamisch belasteten Bauteilen   1 : 4

Aufgabe:
Tragen Sie in Abb. 3 die mögliche Belastungsart ein.

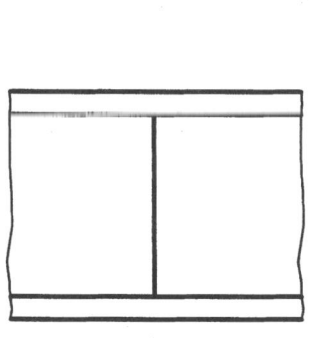
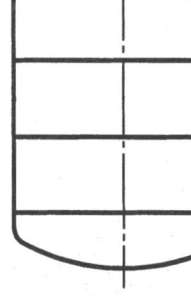
Abb. 4

Bei Stumpfstößen von Trägern und im Behälterbau werden die Schweißnähte versetzt angeordnet. Nahtanhäufungen bei Knoten und Nahtkreuzungen sollen möglichst vermieden werden.

Aufgabe:
- Zeichnen Sie in Abb. 4 die Schweißnähte (V-Nähte) an geeigneter Stelle am Zuggurt und am Druckgurt ein und kennzeichnen Sie die Nähte mit Symbolen.
- Zeichnen Sie die Längsnähte der drei Behälterschüsse ein.

Querkraftbeanspruchte Trägeranschlüsse mit angeschraubten Winkelpaaren und angeschweißten Stirnplatten werden als typisierte Anschlüsse im Stahlhochbau verwendet.

Aufgabe:
- Tragen Sie in Abb. 5 die Positionsnummern ein:
  1 Stütze; 2 Anschlusswinkel; 3 Träger; 4 Knagge
- Tragen Sie folgende Angaben des Winkels und der Schrauben ein:

Kurzbezeichnung _____

Lochabstand   e ____   Endabstand e_1 ____

Wurzelmaß w_1 ____

Schraubenbezeichnung für M16

_____

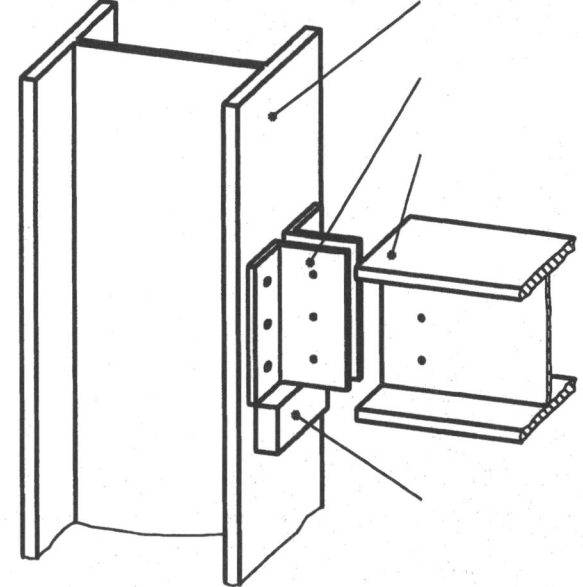
Abb. 5

Bauzeichnungen - Darstellung N

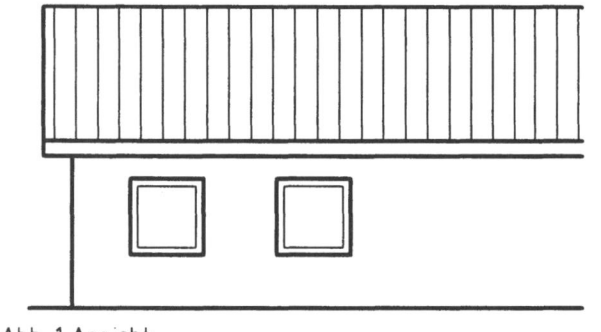
Abb. 1 Ansicht

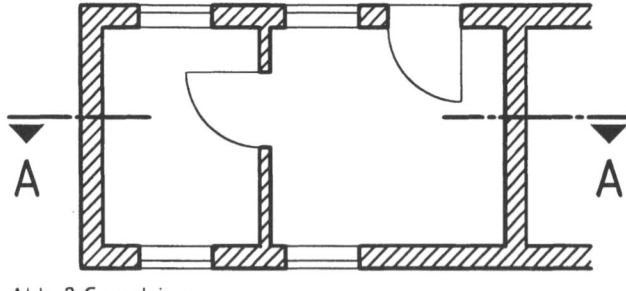
Abb. 2 Grundriss

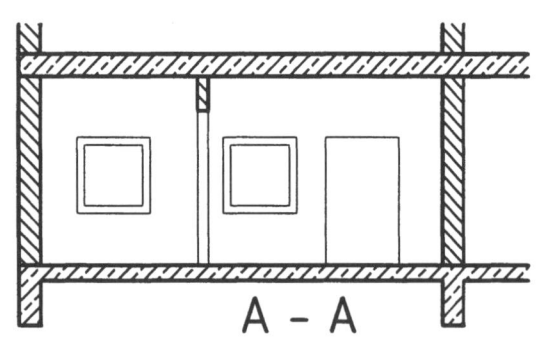
Abb. 3 Schnitt

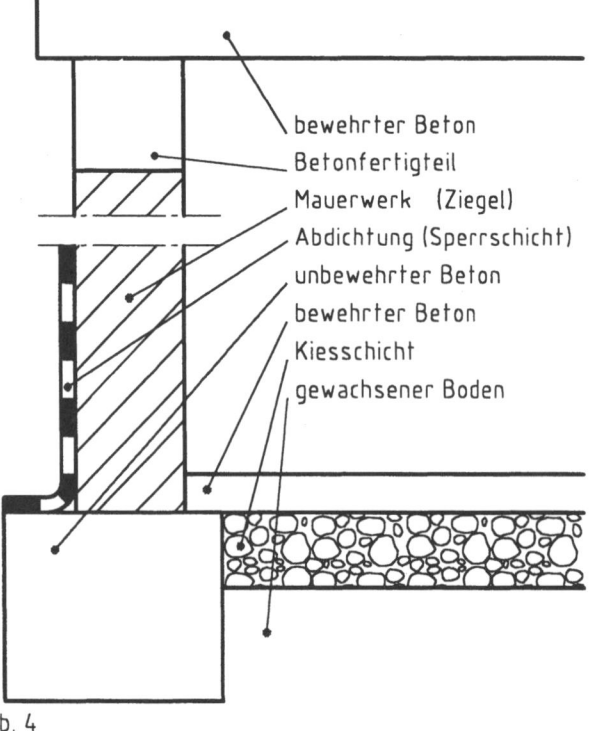
Abb. 4

Um Stahlbau-, Metallbau- und Schlosserarbeiten an Gebäuden ausführen zu können, müssen Informationen aus Bauzeichnungen nach **DIN 1356-1** und aus Normen beschafft werden.

Ansicht Maßstäbliche Abbildung eines Bauobjekts auf einer vertikalen Bildebene von vorne gesehen.
Z. B. „Ansicht Süd" ist die Ansicht der Südseite des Gebäudes.

Grundriss Draufsicht auf den unteren Teil eines horizontal geschnittenen Bauobjekts. Wesentliche Einzelheiten und Maueröffnungen werden geschnitten dargestellt.

Draufsicht Maßstäbliche Abbildung eines Bauobjekts auf einer horizontalen Bildebene von oben gesehen.

Schnitt Ansicht des hinteren Teils eines vertikal geschnittenen Bauobjekts. Punktlinien stellen vor der Zeichenebene liegende Kanten dar.

Frage:
Welche Bedeutung haben die breiten Strichpunktlinien mit den schwarzen Dreiecken in Abb. 2?

_____

_____

Geschnittene Flächen werden nach **DIN 1356-1** und **DIN ISO 128-50** schraffiert. Der Abstand der Schraffur richtet sich nach der Größe der Fläche. Kleine Flächen werden voll geschwärzt. Große Flächen werden nur am Rande schraffiert.

Aufgabe:
Schraffieren Sie die Bauteile in Abb. 4 nach den Vorgaben.

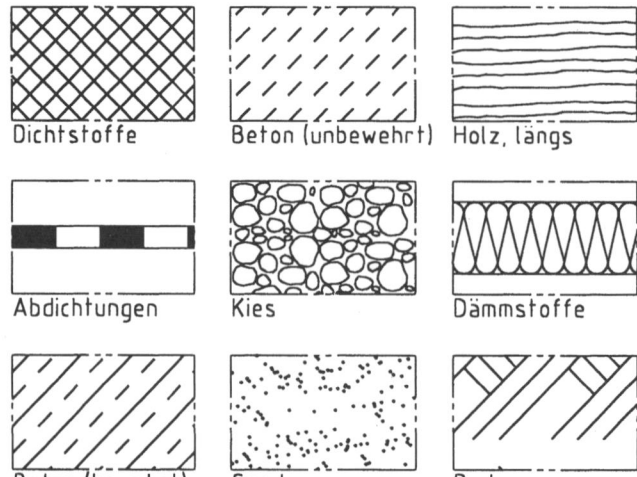

Aufgabe:
In ein Bauwerk nach Abb. 4 sollen zur Befestigung einer Stahlbaukonstruktion Schwerlastdübel gesetzt werden. Worauf ist u. a. zu achten?

_____

_____

| Name | Klasse | Datum | Blatt |

18

Fenster und Türen | N

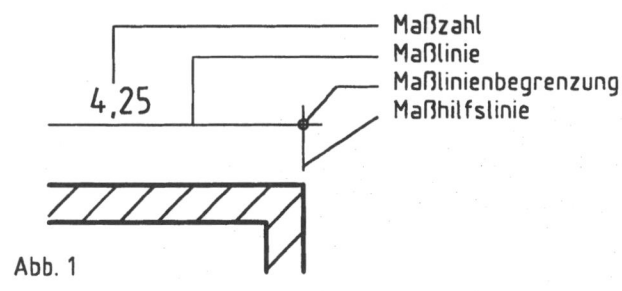

Abb. 1

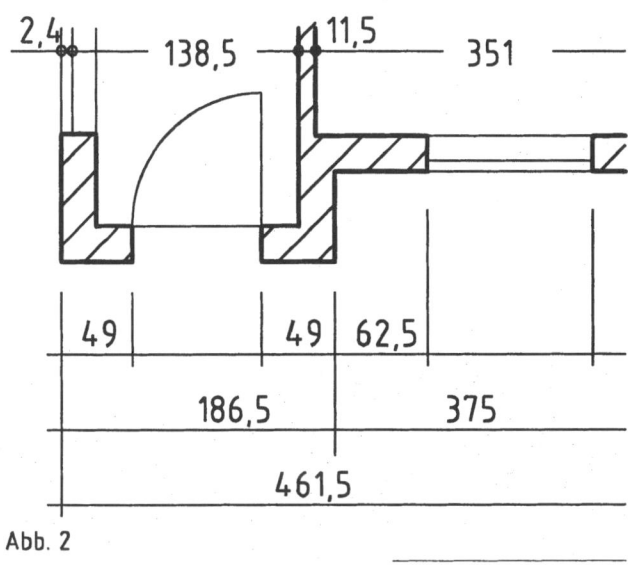

Abb. 2

In **Bauzeichnungen** nach **DIN 1356-1** werden Rohbaumaße eingetragen. Sie liefern Informationen für Stahlbau-, Metallbau- und Schlosserarbeiten.

- **Maßzahlen** sind über der Maßlinie so eingetragen, dass sie, nach Hauptleserichtung der Zeichnung, von unten oder von rechts lesbar sind.
- **Maßeinheiten** sind nicht bei den Maßzahlen, sondern in Verbindung mit dem Maßstab im Schriftfeld angegeben (z. B. 1: 50 - m, cm).
- **Maßlinienbegrenzungen** sind Punkte oder Kreise mit ø 1,25 mm, oder Schrägstriche.
- **Maßhilfslinien** sind schmale Volllinien. Sie sind von den dazu gehörenden Körperkanten abgesetzt und stehen senkrecht zur Maßlinie.

Wandöffnungen dürfen in Grundrissen vereinfacht mit Breite und Höhe angegeben werden. Dabei steht die Maßzahl für die Breite über der Maßlinie, die Maßzahl für die Höhe unter der Maßlinie.

Aufgabe:
Ermitteln Sie den Maßstab für Abb. 2 und tragen Sie ihn mit Einheit neben der Zeichnung ein.
Tragen Sie die fehlenden Maßlinienbegrenzungen (Punkte) ein und bemaßen Sie die Maueröffnungen.

Türe: b = 88,5 cm h = 201 cm
Fenster: b = 113,5 cm h = 138,5 cm

Die Beweglichkeit von Fenstern und Türen kann in Ansichten sinnbildlich dargestellt werden. Die Spitze eines Dreiecks aus schmalen Volllinien zeigt auf die Seite, auf der das Fenster geöffnet wird.

Aufgabe:
Kennzeichnen Sie die Sinnbilder in Abb. 3 mit:

F   für festverglast
D   für Drehflügel
DK   für Dreh-Kipp-Flügel

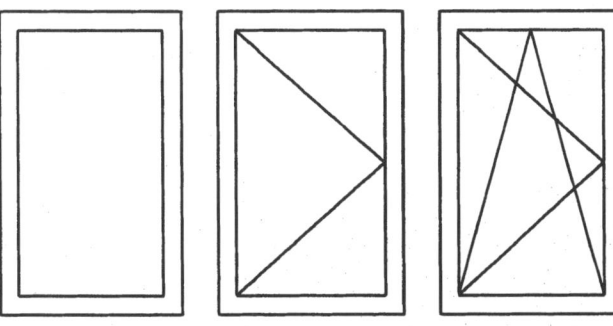

Abb. 3

Tragklötze verhindern das Verziehen der Flügel und sollen deshalb in der Nähe der Bänder angebracht werden. **Distanzstücke** sichern die Lage der Glasscheiben.

Aufgabe:
Zeichnen Sie in Abb. 3 Tragklötze (*Tr*) und Distanzstücke (*Di*) ein.

Türen und Fenster werden nach der Öffnungsrichtung in **Linkstüren** und **Rechtstüren** unterschieden.

Aufgabe:
Kennzeichnen Sie die sinnbildlich dargestellten Türen in Abb. 4 mit:

DIN links
DIN rechts

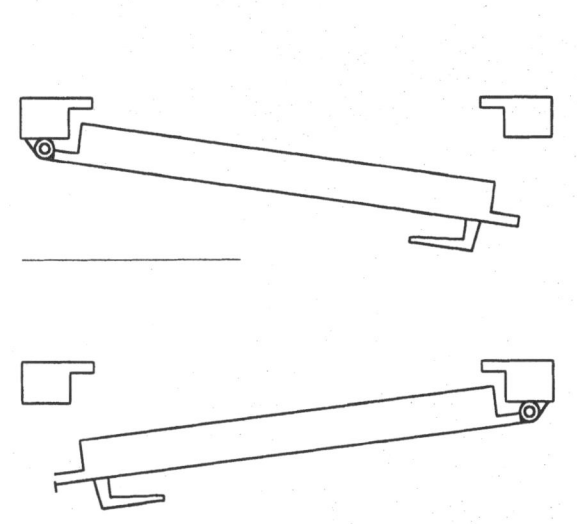

Abb. 4

Bauzeichnungen - Treppen | N

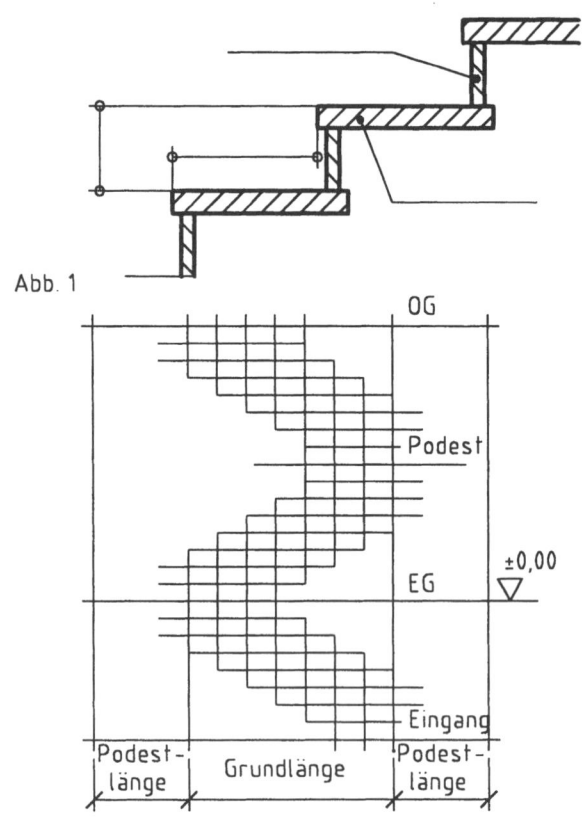

Abb. 1

Abb. 2

Treppen verbinden die Geschosse eines Gebäudes und ermöglichen den Personenverkehr zwischen den Geschossen.

Aufgabe:
Tragen Sie in Abb. 1 folgende Begriffe nach **DIN 18 065** ein:
– Setzstufe
– Trittstufe
– Auftritt
– Steigung

Beim Zeichnen von Treppen beginnt man mit der Einteilung der Steigungen und Auftritte in feinen Konstruktionslinien.

Aufgabe:
Zeichnen Sie in die Einteilung in Abb. 2 für jeden Treppenlauf jeweils drei Stufen ein.

Eine Treppe gehört zu zwei verschiedenen Geschossen und wird daher in beiden Grundrissen nur unterbrochen eingezeichnet. Der Schnitt geht in ca. 1 m Höhe durch die Treppe.

Aufgabe:
Tragen Sie in Abb. 3 den Schnittverlauf für den Grundriss von Abb. 4 ein.

Die **Lauflinie** ist eine gedachte Linie, die den üblichen Weg der Benutzer einer Treppe angeben soll. Sie verläuft bei geraden Treppen in der Mitte. Ein Pfeil gibt die Laufrichtung von unten nach oben an. Bei gewendelten Treppen ist der Abstand der Auftritte auf der Lauflinie gleich groß. Die Länge der Lauflinie ist gleichzeitig das **Grundmaß**.

Aufgabe:
Zeichnen Sie in Abb. 4 die Lauflinie ein und tragen Sie die Höhenangaben ein.

Die Seite auf der sich das Treppengeländer befindet, wird mit schmalen Volllinien gezeichnet. Bei einer Linkstreppe befindet sich das Treppengeländer in Laufrichtung links, bei einer Rechtstreppe befindet sich das Treppengeländer in Laufrichtung rechts.

Aufgabe:
Tragen Sie in Abb. 4 Links- oder Rechtstreppe ein.

Das Verhältnis Steigung / Auftritt ist das **Steigungsverhältnis**.

Formeln zum Berechnen der Treppe von Seite 21:

$$a = 630\,mm - 2s \qquad n = \frac{G}{s} \qquad l = a(n-1)$$

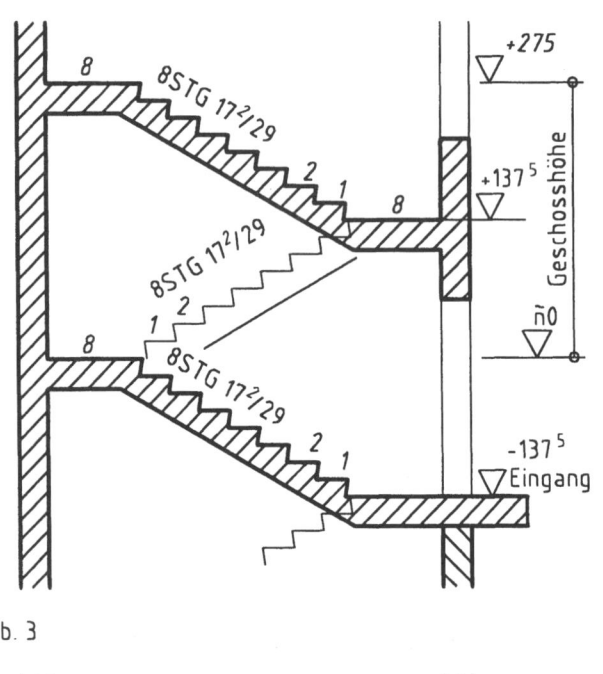

Abb. 3

Abb. 4

Treppen - Verziehen von Treppenstufen | N

Wenn wenig Platz zur Verfügung steht, werden gewendelte Treppen eingebaut. Damit diese sicher begehbar sind, werden die Stufen im Bereich der Krümmung "verzogen".
Bekannte **Stufenverziehungsmethoden** sind:
Rechenmethode, Trapezmethode, Winkelmethode, Kreisbogenmethode, Fluchtlinienmethode

Aufgabe:
Konstruieren Sie nach der Fluchtlinienmethode eine viertelgewendelte rechtsläufige Treppe nach den Vorgaben. Die kleinste Auftrittsbreite bei verzogenen Treppenstufen soll 15 cm, von der Innenwange gemessen 10 cm, nicht unterschreiten.

Zeichenschritte:
- Lauflinie errechnen und einzeichnen
- Stufenteilung auf der Lauflinie einzeichnen
- Vorder- und Hinterkante der Eckstufe (hier Stufe 10) soweit verlängern, dass sie sich mit den Verlängerungen der Vorderkanten der ersten (Stufe 7) und der letzten (Stufe 14) geraden Stufe schneiden.
- Abstand der beiden Schnittpunkte auf der waagrechten und auf der senkrechten Verlängerung jeweils so oft abtragen, wie Stufen zu verziehen sind (hier zweimal).
- Die so gefundenen Schnittpunkte mit den Teilpunkten auf der Lauflinie verbunden, ergeben die Vorderkanten der zu verziehenden Stufen.

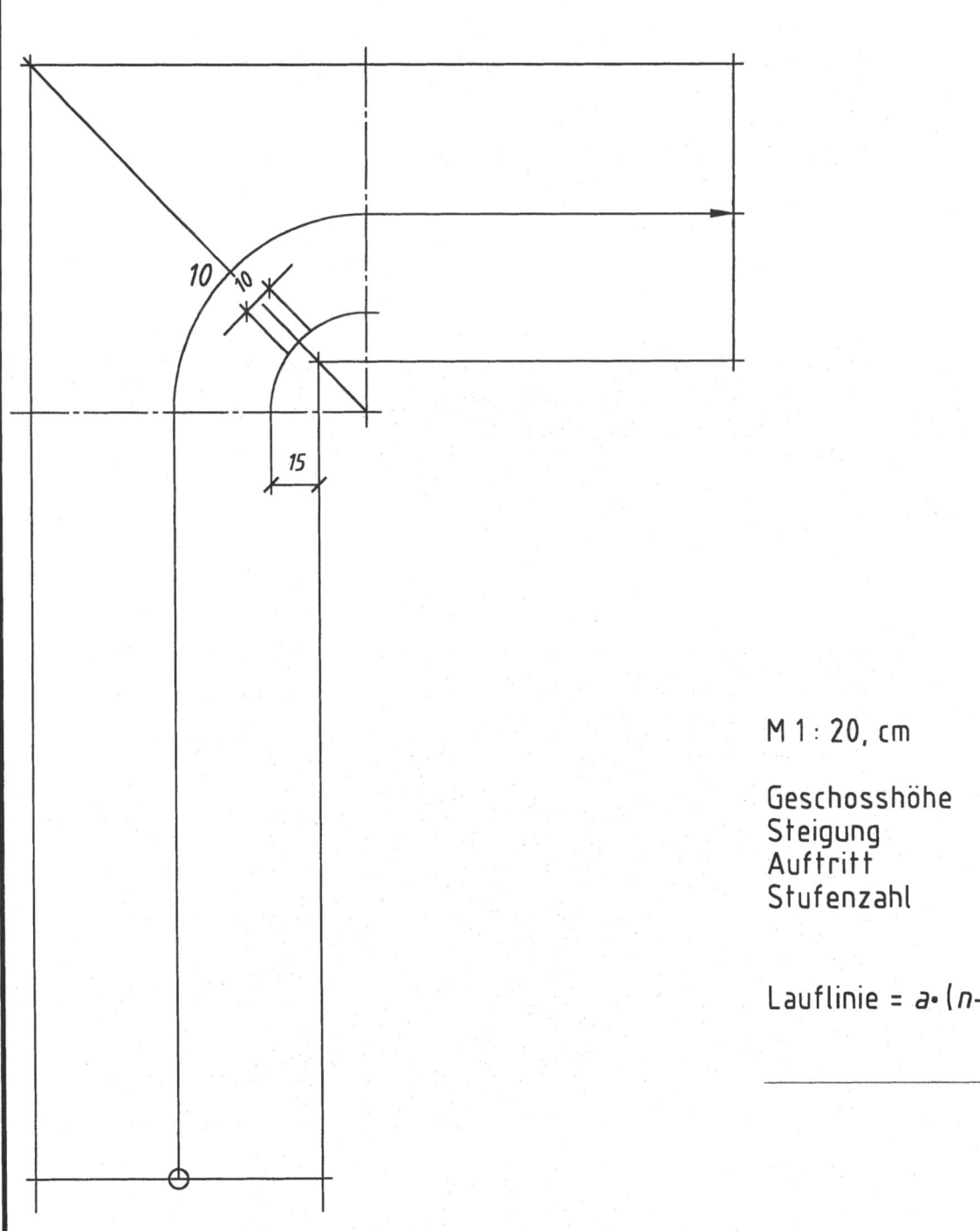

M 1 : 20, cm

Geschosshöhe G = 275 cm
Steigung s = 17,2 cm
Auftritt a = 29 cm
Stufenzahl n = 16

Lauflinie = $a \cdot (n-1)$

____

Name	Klasse	Datum	Blatt

Rohrleitungen, Rohrpläne   N

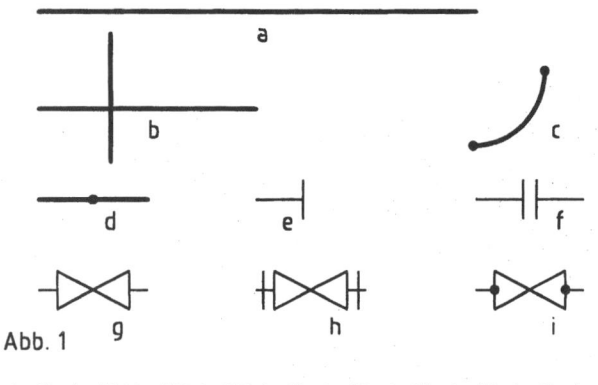
Abb. 1

Graphische Symbole für Rohrleitungen sind in **DIN 2429-2** genormt.

Aufgabe:
Geben Sie die Bedeutung der Sinnbilder nach Abb. 1 an.

a _____
b _____
c _____
d _____
e _____
f _____
g _____
h _____
i _____

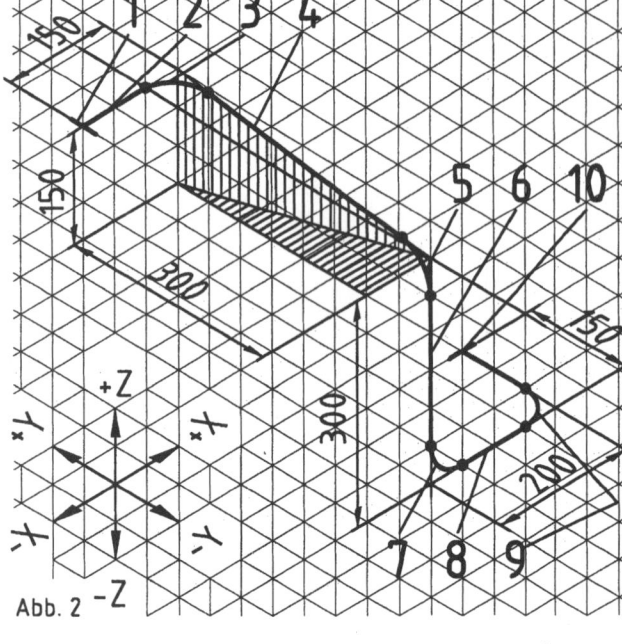
Abb. 2

Für die Fertigung von Rohrverbindungen kann die Technische Darstellung angewendet werden. Für die Montage eignet sich die Isometrische Darstellung.

In beiden Darstellungsarten werden die Einzelteile mit Positionsnummern versehen.

Aufgabe:
Abb. 2 zeigt einen Rohrbogen mit Flanschen in sinnbildlicher Darstellung. Die Verbindungen sind geschweißt. Abb. 3 zeigt den gleichen Rohrbogen in Vorder- und Draufsicht.
– Tragen Sie in Abb. 3 die Positionsnummern ein.

Für die Montage und das Schweißen werden die Maße vorzugsweise von den Rohrmitten ausgehend eingezeichnet.

Aufgabe:
Bemaßen Sie Abb. 3 nach der Vorgabe von Abb. 2.

Lage und Richtung der Rohre im Raum werden durch ein Koordinaten-Achsenkreuz mit Angabe der Hauptrichtungen gekennzeichnet.

Um den Verlauf der Rohre besser zu verdeutlichen, werden bei Abweichungen von Richtungen der Hauptachsen Hilfsprojektionsebenen als Dreiecke eingezeichnet.

Die Schraffur dieser Dreiecke erfolgt nach **DIN ISO 6412**. Wobei die horizontalen Ebenen parallel zur X- oder Y-Achse, die vertikalen Ebenen parallel zur Z-Achse schraffiert werden können.

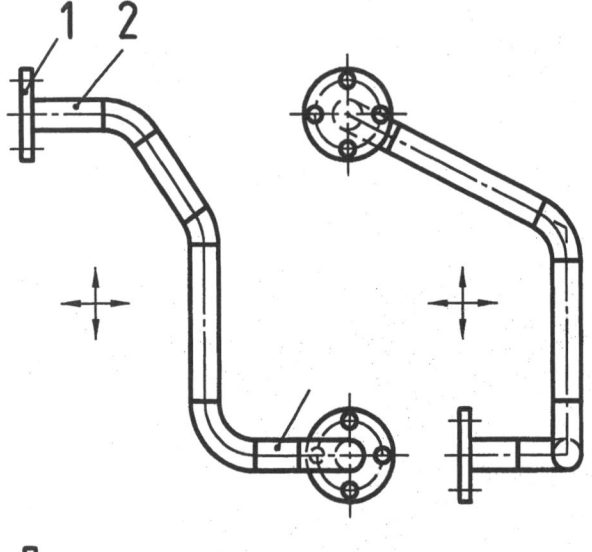
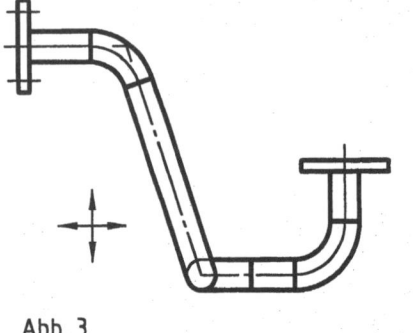
Abb. 3   1 : 10

Aufgabe:
Tragen Sie die Hauptrichtungen an die Koordinaten-Achsenkreuze in Abb. 3.

Steuerungstechnik - Schaltpläne

Schaltpläne werden mit Symbolen nach **DIN ISO 1219** dargestellt.

Aufgabe:
Benennen Sie die in Abb. 1 dargestellten Symbole nach dem Tabellenbuch.

a _____
b _____
c _____
d _____
e _____
f _____
g _____

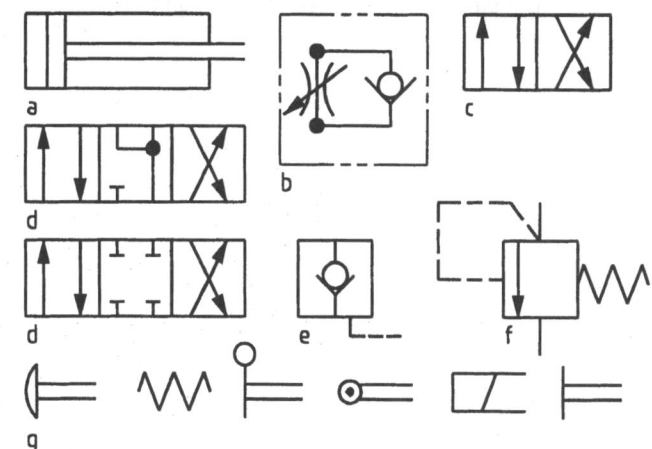

Abb. 1

Steuerungsaufgabe:
Werkstücke sollen zum Sägen mit einem doppelt wirkenden Zylinder gespannt werden. Der Spanndruck soll einstellbar sein und auch dann nicht abfallen, wenn z. B. der Strom für die Hydraulikpumpe ausfällt. Das 4/3-Wegeventil soll elektromagnetisch betätigt werden. Taster 1S1 und 1S2 geben die Signale.
– Ergänzen Sie den Hydraulikschaltplan in Abb. 4.

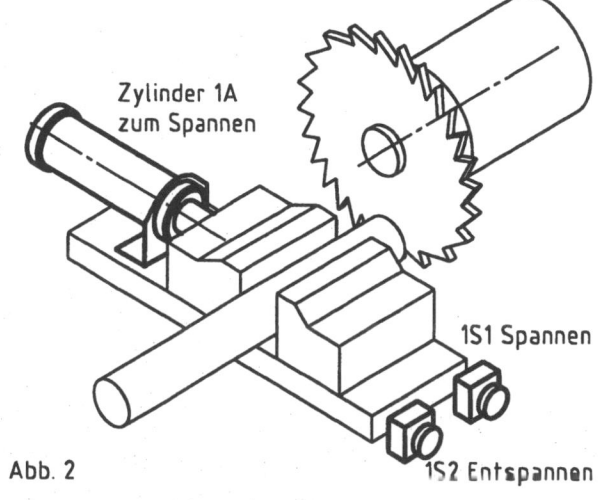

Abb. 2

Der Ablauf der Steuerung und die steuerungstechnische Verwirklichung werden in einem **Zustandsdiagramm** dargestellt. Schmale Funktionslinien geben den Ruhe- oder Ausgangszustand von Bauteilen an. Breite Funktionslinien geben den betätigten Zustand von Bauteilen an, wobei schräge Linien Zustandsänderungen kennzeichnen.

Aufgabe:
Zeichnen Sie in das Zustandsdiagramm die Funktions- und die Signallinien ein. Beschreiben Sie auf einem gesonderten Blatt den Funktionsablauf und die Funktion der Bauteile.

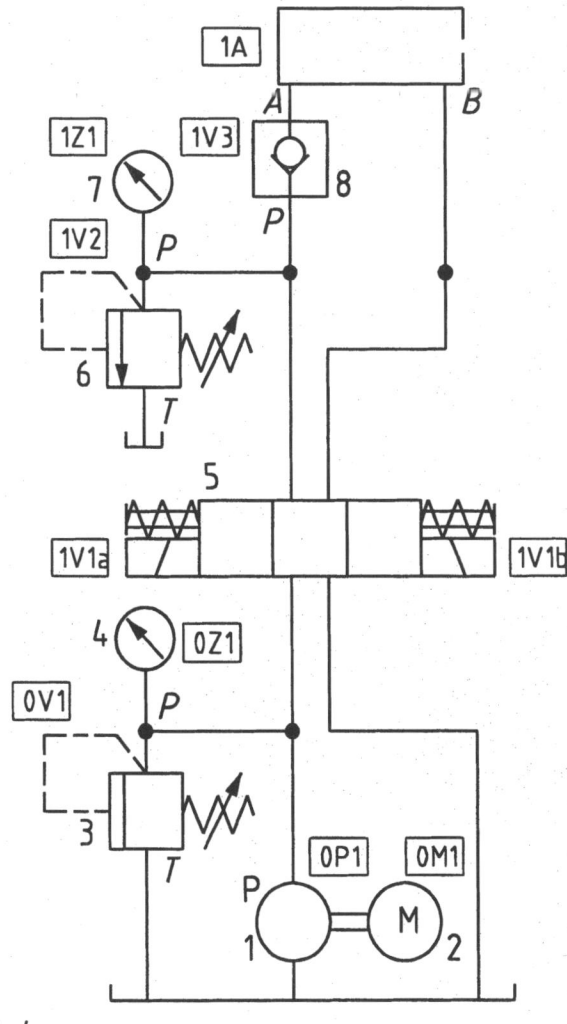

Abb. 4

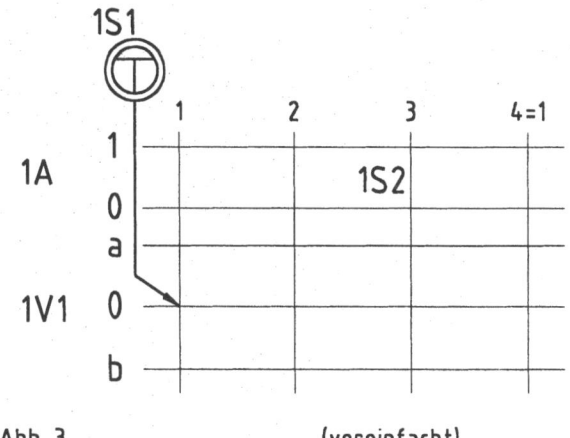

Abb. 3 (vereinfacht)

NC-Technik - Bemaßung, Werkstücknullpunkt   N

Geometrische Informationen   Technologische Informationen

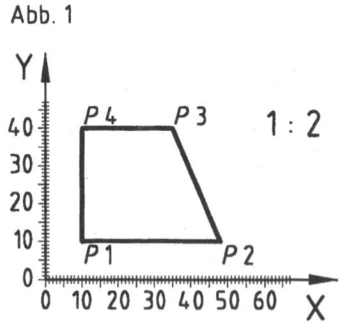

Werkstoff
Brennergröße
Schneid-
geschwindigkeit

| G | X | Y | Z |

| F | S | T | M |

Abb. 1

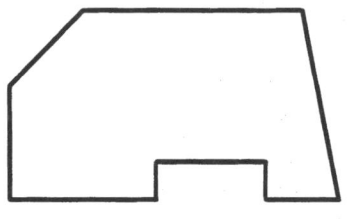

Pos.	X	Y
1		
2		
3		
4		

Abb. 2

Eine Zeichnung enthält alle Informationen für die Herstellung eines Werkstücks. Wenn dieses Werkstück mit Hilfe der NC-Technik hergestellt werden soll, müssen diese Informationen der Steuerung in Form von Zahlen (numerisch) mitgeteilt werden.

Mit Adressbuchstaben wird angegeben, wie eine Position angefahren (Weginformationen) und welche Funktionen dabei geschaltet werden sollen (Schaltinformationen).

Aufgabe:
Kennzeichnen Sie in Abb. 1 Weg- und Schaltinformationen.

Um Verfahrbewegungen des Werkzeugs, z. B. des Schneidbrenners, exakt positionieren zu können, denkt man sich das Werkstück in ein **Koordinatensystem** projiziert.

Aufgabe:
Tragen Sie in die vereinfachte Tabelle die Koordinaten der Punkte 1 bis 4 vom Werkstück aus Abb. 2 ein.

Als Bemaßungsart wird vorzugsweise die **Steigende Bemaßung nach DIN 406-11** angewendet. Dabei wird, ausgehend vom Ursprung, in jeder der drei möglichen und senkrecht zueinander stehenden Richtungen, im Regelfall nur eine Maßlinie eingetragen. Die Begrenzung der Maßlinien erfolgt an den Maßhilfslinien mit einer Maßlinienbegrenzung nach **DIN 406-10**. Wobei an den Ursprung ein Punkt und an die andere Seite ein Pfeil oder ein Schrägstrich gezeichnet wird. An das Ende der Maßhilfslinien werden die Maßzahlen geschrieben.

Wenn es erforderlich ist, ausgehend vom Ursprung, die Maße in beide Richtungen einzutragen, wie es z. B. bei symmetrischen Werkstücken der Fall ist, werden in eine Richtung Minuszeichen vor die Maßzahl gesetzt.

Aufgabe:
Bemaßen Sie die Werkstücke in Abb. 3 und Abb. 4.

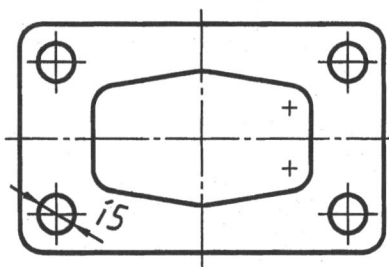

Abb. 3

Gehen alle Maße einer Richtung von einem Maßbezugselement (*MBE*) aus, sind dies absolute Maße. Erfolgt die Bemaßung von Abstand zu Abstand, werden inkrementale Maße eingetragen. Parallelbemaßung und Steigende Bemaßung dürfen kombiniert werden.

Aufgabe:
Bemaßen Sie Abb. 5, indem Sie für die Rasten Maße von Abstand zu Abstand eintragen.

Für das Programmieren wird ein Werkstücknullpunkt **WNP** benötigt, der vorzugsweise auf den Koordinatennullpunkt gesetzt wird.

Abb. 4

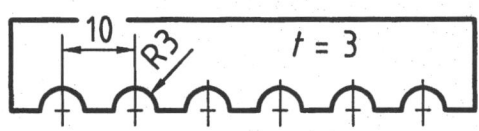

Abb. 5

Aufgabe:
Tragen Sie in die Werkstücke Abb. 3 bis Abb. 5 den Werkstücknullpunkt ein.

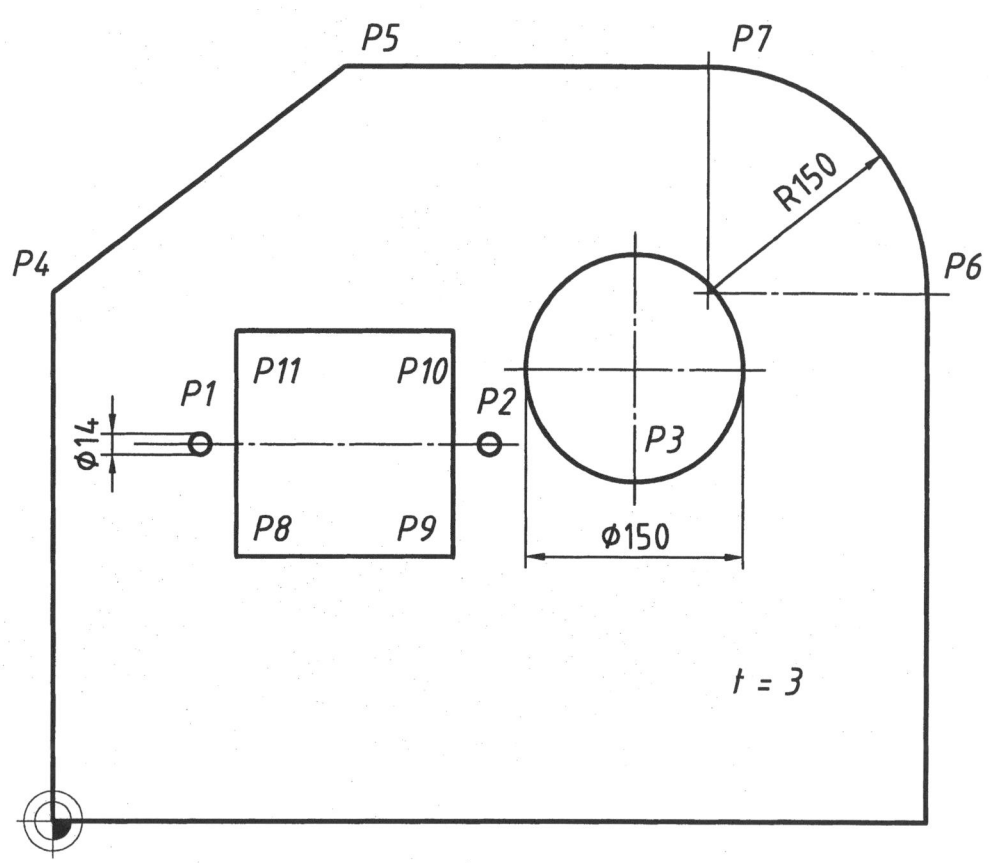

Aufgabe:
Das im Maßstab 1 : 5 vorgegebene **Formblech** soll auf einer Stanz- und Nippelmaschine hergestellt werden.
– Bemaßen Sie das Teil NC-gerecht.
– Erstellen Sie eine Koordinatentabelle mit Angabe der Start- und Endpunkte zum Stanzen und Nippeln.
– Wählen Sie geeignete Werkzeuge aus.

Pos.-Nr.	X	Y	Wkz.-Nr.	Wkz.-Maße	Pos.-Nr.	X	Y	Wkz.-Nr.	Wkz.-Maße
1					8				
2					9				
3					10				
4					11				
5					12				
6					13				
7					14				

12 5 25 01

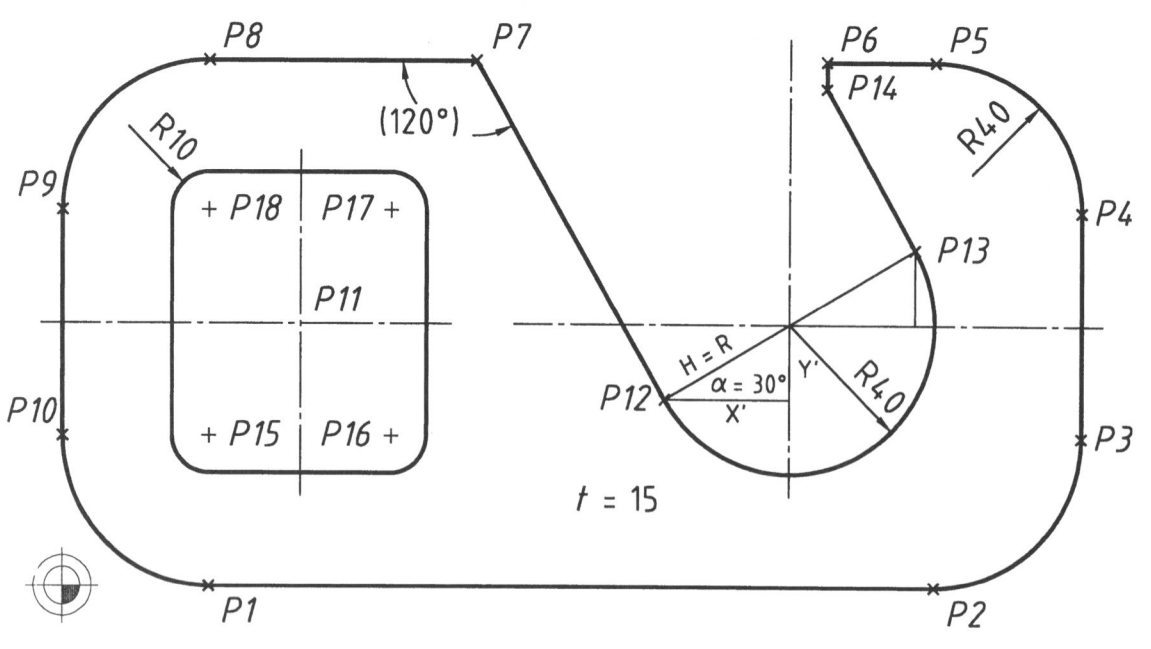

Aufgabe:
Aus einer Tafel Blech EN 10 029-15x1000x2000 sollen **Zughaken** mit einer NC-Brennschneidmaschine ausgeschnitten werden.

- Bemaßen Sie das Werkstück mit **Steigender Bemaßung nach DIN 406-11.**
- Grenzabmaße nach **DIN 2310-3**, Güte II, Toleranzklasse B.
- Ermitteln Sie die Konturpunkte 12 und 13.
- Ergänzen Sie die Koordinatentabelle.

Auf den Seiten 27 bis 29 wird die Datenübergabe von der CAD-Zeichnung zum NC-Programm am Beispiel des Zughakens erarbeitet.

Formel: $\sin \alpha = \dfrac{\text{Gegenkathete}}{\text{Hypotenuse}}$

Formel: $\cos \alpha = \dfrac{\text{Ankathete}}{\text{Hypotenuse}}$

$Y' = \sin\alpha \cdot \text{Hypotenuse}$
$X' = \cos\alpha \cdot \text{Ankathete}$
$X_{12} = 200 - X'$
$Y_{12} = 70 - Y'$
$X_{13} = 200 + X'$
$Y_{13} = 70 + Y'$

Pos.-Nr.	X	Y			Pos.-Nr.	X	Y		
9					18				
8					17				
7	(113,4)	140			16				
6					15				
5					14	210	(132,7)		
4					13				
3					12				
2					11				
1					10				

		Zul. Abw.	Oberflächen	Maßstab		Gewicht	
				Werkstoff			
		Datum	Name	Benennung			
		Bearb.					
		Gepr.					
				12 5 26 01		Klasse	Blatt-Nr.
Passmaß	Abmaße	Passmaß	Abmaße				

CAD-Datensatz zur Weiterverarbeitung | L

Die in der **Grundstufe 53000** begonnenen CAD-Informationen werden hier am konkreten Beispiel **Zughaken** fortgeführt.

Ergebnis der CAD-Arbeit ist nicht die auf Papier ausgegebene Zeichnung, sondern ein Datensatz, dessen Daten auf geeigneten Datenträgern gespeichert jedem autorisierten Nutzer zur Verfügung stehen. Im Hinblick auf die Weiterverarbeitung dieser Daten ist genaues Zeichnen von Beginn der Zeichenarbeit an unerlässlich.

Mit der folgenden Übung (Zughaken von S. 26) soll mit Hilfe der Objektfang-Modi ein genauer Datensatz erzeugt werden, der die Grundlage für ein NC-Programm bildet.

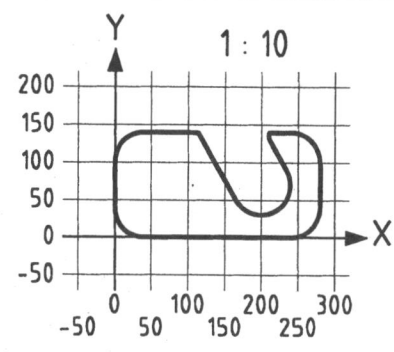

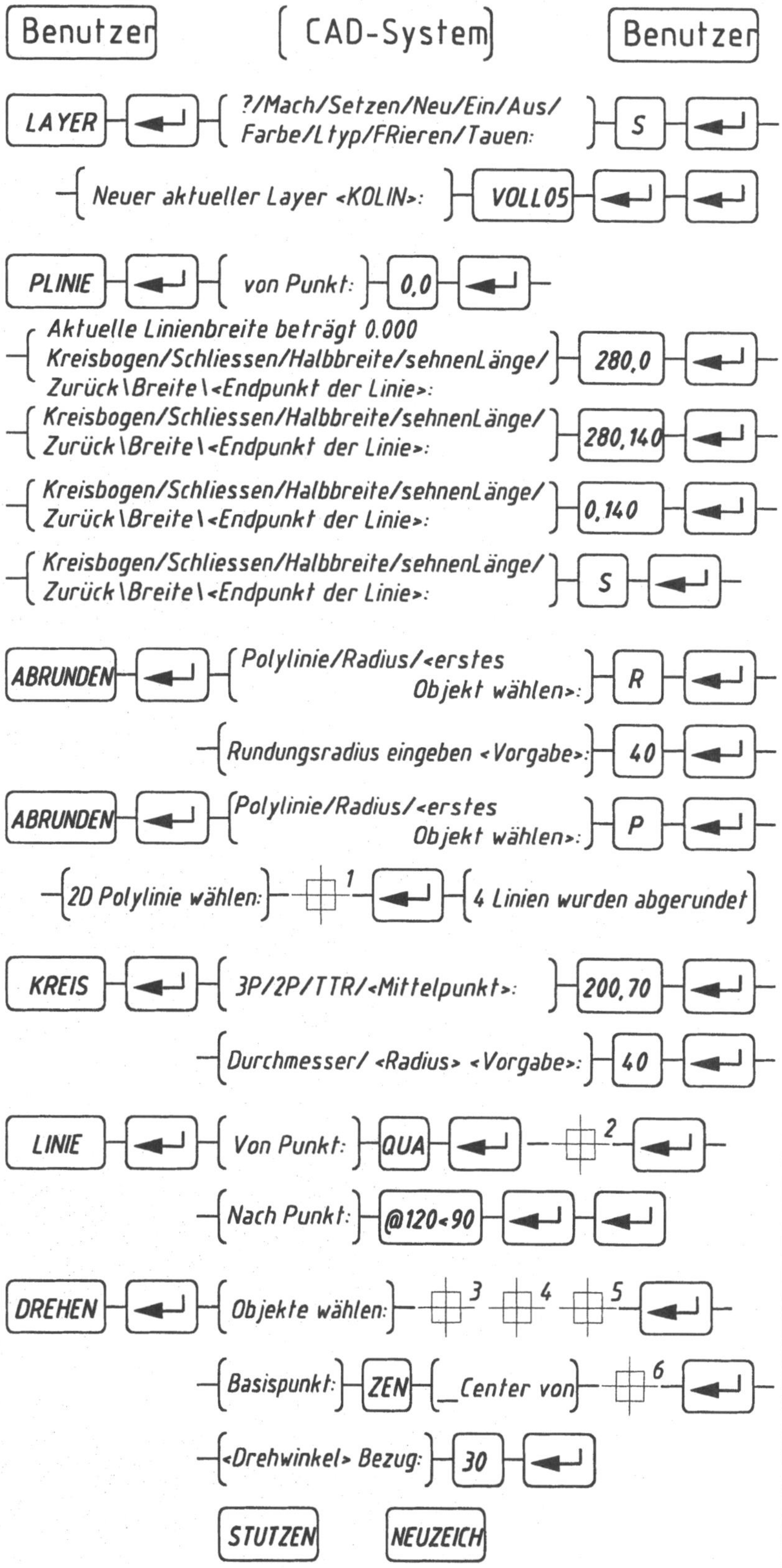

Folgen Sie dem Leittext:

Mit dem Befehl ***LAYER*** und der Option ***S*** den Layer ***VOLL05*** wählen (evtl. erstellen).

<u>Befehl beenden:</u> 2 mal RETURN

Mit ***BKS*** und der Option ***U*** Nullpunkt auf eine geeignete Position (linke untere Werkstückecke) setzen.

Mit ***PLINIE*** ein Rechteck zeichnen:
- Startpunkt: 0,0
- Maße: 280 x 140
- Mit ***S*** Befehl schließen.

PLINIE erstellt den Linienzug als eine Einheit. Die Vorteile erkennen Sie beim anschließenden Abrunden der Ecken

Mit ***ABRUNDEN*** und der Option ***R*** Rundungsradius ***40*** eingeben. Wiederholung mit RETURN. ***P*** für Polylinie wählen und Polylinie anklicken. Alle vier Ecken werden mit einem Befehl abgerundet.

KREIS zeichnen:
Mittelpunkt: ***200,70*** Radius: ***40***

LINIEn mit der Option ***QUA*** von beiden Quadranten senkrecht nach oben zeichnen.

Mit ***DREHEN*** die Linien mit dem Kreis um 30° drehen. Den überflüssigen Kreisbogen und die Linien mit dem Befehl ***STUTZEN*** entfernen.

Nach dem Befehl ***NEUZEICH*** befindet sich die Zeichnung **Zughaken** im Arbeitsspeicher und natürlich auf dem Bildschirm.

Zeichnung auf Datenträger sichern.

Hinweis:
Bewusst wird bei dieser Übung auf das Mittellinienkreuz verzichtet. Alle erforderlichen Konturpunkte können mit den Objektfang-Modi ermittelt werden.

Name	Klasse	Datum	Blatt

Geometriedaten für die NC-Fertigung

Der **Zughaken** von Seite 27 hat keine Mittellinien und keine Bemaßung. Für das Weiterverarbeiten der Geometriedaten ist dies zunächst auch nicht erforderlich.

Für die NC-Fertigung werden die Konturübergangspunkte von den Geraden zu den Bögen und die Mittelpunkte der Kreisbögen benötigt. Sie sind in der nebenstehenden Zeichnung mit kleinen Kreisen gekennzeichnet.

Das Zeichenelement Linie (oder Bogen) hat je einen Anfangs- und einen Endpunkt, in CAD jeweils ENDPOINT genannt.

Die Zeichenelemente Kreis oder Bogen haben einen Mittelpunkt, in CAD CENTER genannt und einen Radius.

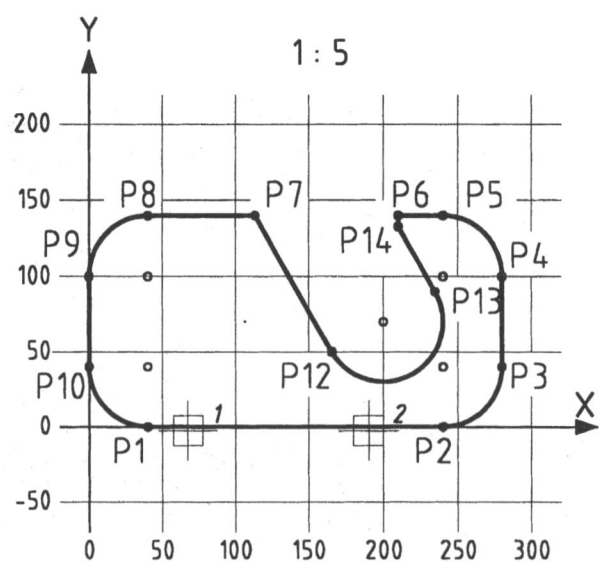

Die Geometriedaten dieser Elemente müssen nun auf geeignete Weise aus dem Datensatz der CAD-Zeichnung herausgelesen werden. Dafür gibt es Profi-Software. Wir verwenden den Befehl *ID*, das bedeutet identifizieren oder feststellen.

Folgen Sie dem Leittext:

Mit **BKS** und der Option **U** für Ursprung den Koordinarten-Nullpunkt auf den Schnittpunkt links unten setzen.

Legen Sie Papier in den Drucker. Schalten Sie mit ^Q das Druckerecho ein, oder, nach den folgenden Aktionen mit **F1** den Textbildschirm.

Hinweis:
Ab jetzt werden alle Eingaben auf dem Drucker protokolliert!

Mit dem Befehl **NOCHMAL** werden beim Ausdrucken nicht jedesmal die Befehle mit ausgegeben.

Der Befehl *ID* mit der Option **END** für Endpunkt der Linie gibt die Koordinaten aus. Beginnen Sie bei P1 (PICK1).

Hinweis:
*Wenden Sie bei dieser Übung konsequent die Objektfang-Modi **END**, **ZEN** und **SCHN** an.*

Picken Sie die folgenden Punkte jeweils mit der vorgesehenen Option an.

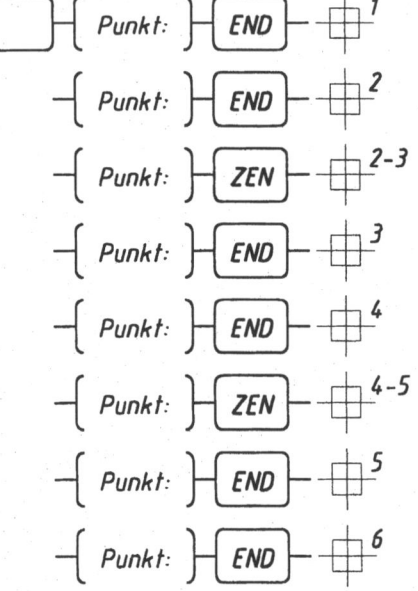

Verfahren Sie mit allen weiteren Punkten ebenso.

Brechen Sie den Befehl **ID** mit ^C ab.
Schalten Sie mit ^Q das Druckerecho aus.

Das Ergebnis ist eine Koordinatenliste der Konturübergangspunkte.

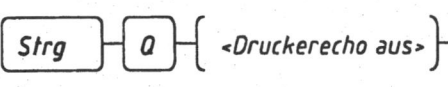

Name		Klasse	Datum	Blatt

Datenübernahme aus CAD-Zeichnungen   L

Das Ergebnis der Übung von Seite 28 ist eine
Hardcopy aus CAD:

PUNKT:		ENDPOINT von	X = 40.000	Y = 0.000
PUNKT:		ENDPOINT von	X = 240.000	Y = 0.000
PUNKT:	2-3	CENTER von	X = 240.000	Y = 40.000
PUNKT:		ENDPOINT von	X = 280.000	Y = 40.000
PUNKT:		ENDPOINT von	X = 280.000	Y = 100.000
PUNKT:		CENTER von	X = 240.000	Y = 100.000
PUNKT:		ENDPOINT von	X = 240.000	Y = 140.000
PUNKT:		ENDPOINT von	X = 210.000	Y = 140.000
PUNKT:		ENDPOINT von	X = 210.000	Y = 132.679
PUNKT:		ENDPOINT von	X = 234.641	Y = 90.000
PUNKT:		CENTER von	X = 200.000	Y = 70.000
PUNKT:		ENDPOINT von	X = 165.359	Y = 50.000
PUNKT:		ENDPOINT von	X = 113.397	Y = 140.000
PUNKT:		ENDPOINT von	X = 40.000	Y = 140.000
PUNKT:		CENTER von	X = 40.000	Y = 100.000
PUNKT:		ENDPOINT von	X = 0.000	Y = 100.000
PUNKT:		ENDPOINT von	X = 0.000	Y = 40.000
PUNKT:		CENTER von	X = 40.000	Y = 40.000

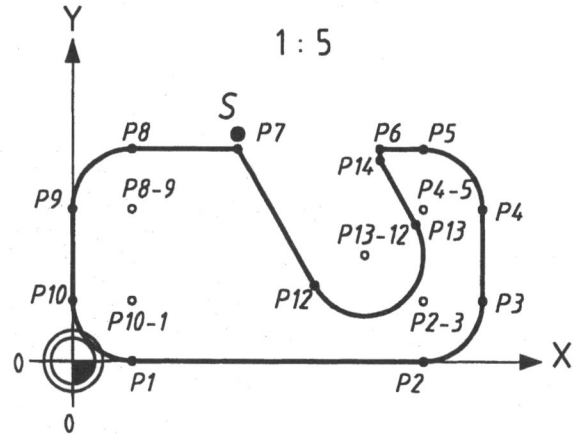

Aufgabe:
Tragen Sie in die Koordinatenliste, jeweils hinter den Doppelpunkt die Nummer des entsprechenden Punktes ein.

Für den **Zughaken** liegt nun eine Koordinatenliste vor, die als Grundlage für ein NC-Programm verwendet wird. Es wird eine Möglichkeit aufgezeigt, ohne spezielle Software Daten aus einer CAD-Zeichnung in ein NC-Programm zu übertragen.

Das NC-Programm kann mit einem Editor, z. B. dem DOS-Editor **EDIT** geschrieben und anschließend ONLINE an die Steuerung gesendet oder nach der Koordinatenliste direkt in die Steuerung eingegeben werden.

Werkstück-Nullpunkt ist die linke untere Werkstückecke.

Aufgabe:
- Tragen Sie in die Skizze die Startposition für das NC-Programm ein.
- Überprüfen und ergänzen Sie das NC-Programm.

Vorschläge für Fertigungsparameter:

Maßstab:	1 : 1
Blechdicke:	15 mm
Düsen-ø:	10 - 25 mm
Schnittfuge:	2,1
Brenngeschwindigkeit:	46 m/min
Anheizzeit (AZ):	7 s
Lochstechzeit (LZ):	2 s

Vorschlag für ein NC-Programm (alle Maße in mm):

```
%1252601
N1 G90                          (Absolutmaßprogrammierung)
N2 G41                          (Brenner links von der Kontur)
N3 G0 X1134 Y1500 M78           (Eilgang auf Startposition, Brenner ein)
N4 G1 Y1400                     (Gerade auf Pos. 7)
N5 G1 X1654 Y500                (Gerade auf Pos. 12)
N6                              (Kreisbogen auf Pos. 13)
N7                              (Gerade auf Pos. 14)
N8                              (Gerade auf Pos. 6)
N9                              (Gerade auf Pos. 5)
N10                             (Kreisbogen auf Pos. 4)
N11 G1 Y400                     (Gerade auf Pos. 3)
N12 G2 X2400 Y0 I2400 J400      (Kreisbogen auf Pos. 2)
N13 G1 X400                     (Gerade auf Pos. 1)
N14 G2 X0 Y400 I400 J400        (Kreisbogen auf Pos. 10)
N15 G1 Y1000                    (Gerade auf Pos. 9)
N16 G2 X400 Y1400 I400 J1000    (Kreisbogen auf Pos. 8)
N17 G1 X1134 M79                (Gerade rechts von Pos. 7, Brenner aus)
N18 M30                         (Programmende, Rücksprung auf N1)
```

Name			Klasse	Datum	Blatt

Steuerung für Kreissägemaschine | L

Bei einer Metall-Kreissägemaschine werden die Stangen (Werkstücke) hydraulisch gespannt. Der Betriebsdruck ist mit einem Druckbegrenzungsventil auf 30 bar (3 Mpa) eingestellt. Die Spannkraft soll dem zu sägenden Material und dem Vorschub des Sägeblattes angepasst werden. Ein Druckschalter gibt bei Erreichen eines voreingestellten Druckes ein elektrisches Signal ab.
Um mit Zylinder 1A einen gleichmäßigen Vorschub zu erhalten, ist ein Stromregelventil eingebaut.

Ein Zylinder hebt das Schutzgitter an wenn die Säge bestückt werden muss. Sägeblatt und Vorschub dürfen erst dann anlaufen, wenn das Schutzgitter geschlossen ist. Die Signalgabe hierfür erfolgt durch einen Endschalter. Die Zylinder werden mit Elektromagnetventilen angesteuert. Signale dafür geben Taster, Endschalter und Reed-Schalter. Die Steuerungsaufgabe ist auf die Hydraulik reduziert.

Aufgabe:
Ergänzen Sie den Funktionsplan in Abb. 1.
Tragen Sie in das Funktionsdiagramm Abb. 2 die Funktions- und Signallinien ein.

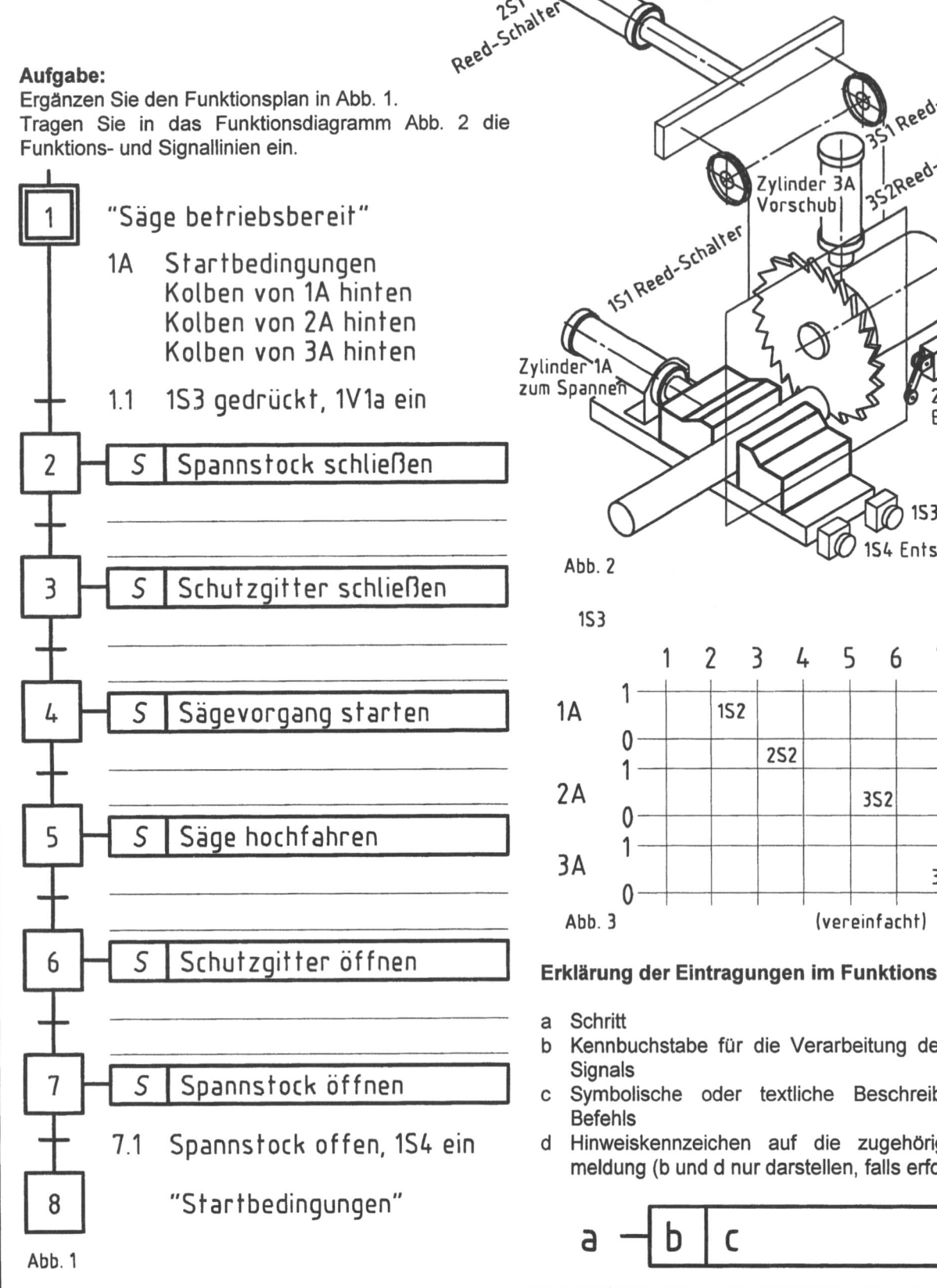

Abb. 1

Abb. 2

Abb. 3 (vereinfacht)

Erklärung der Eintragungen im Funktionsplan:

a Schritt
b Kennbuchstabe für die Verarbeitung des binären Signals
c Symbolische oder textliche Beschreibung des Befehls
d Hinweiskennzeichen auf die zugehörige Rückmeldung (b und d nur darstellen, falls erforderlich)

Steuerungstechnik - Hydraulikschaltplan

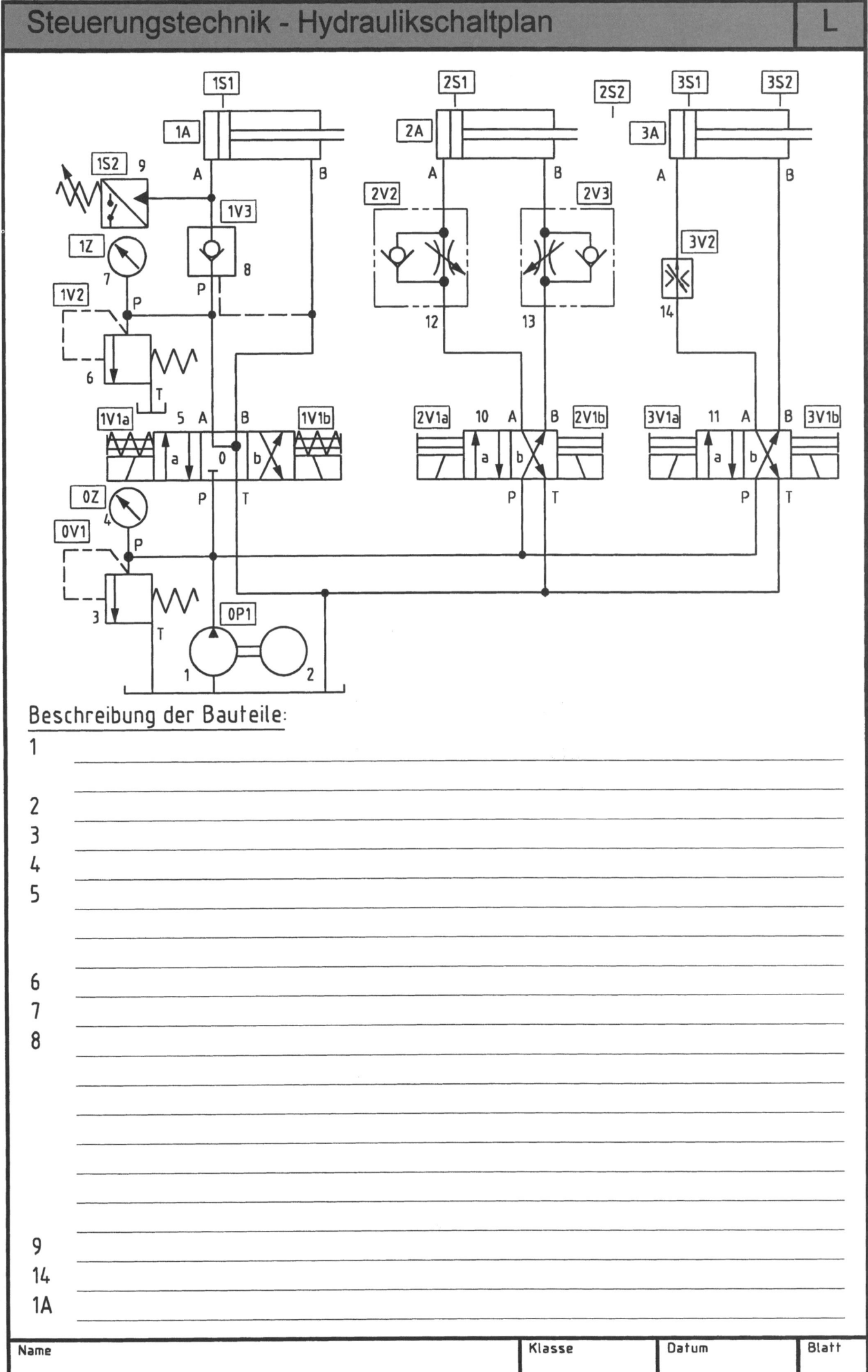

Beschreibung der Bauteile:

1
2
3
4
5
6
7
8
9
14
1A

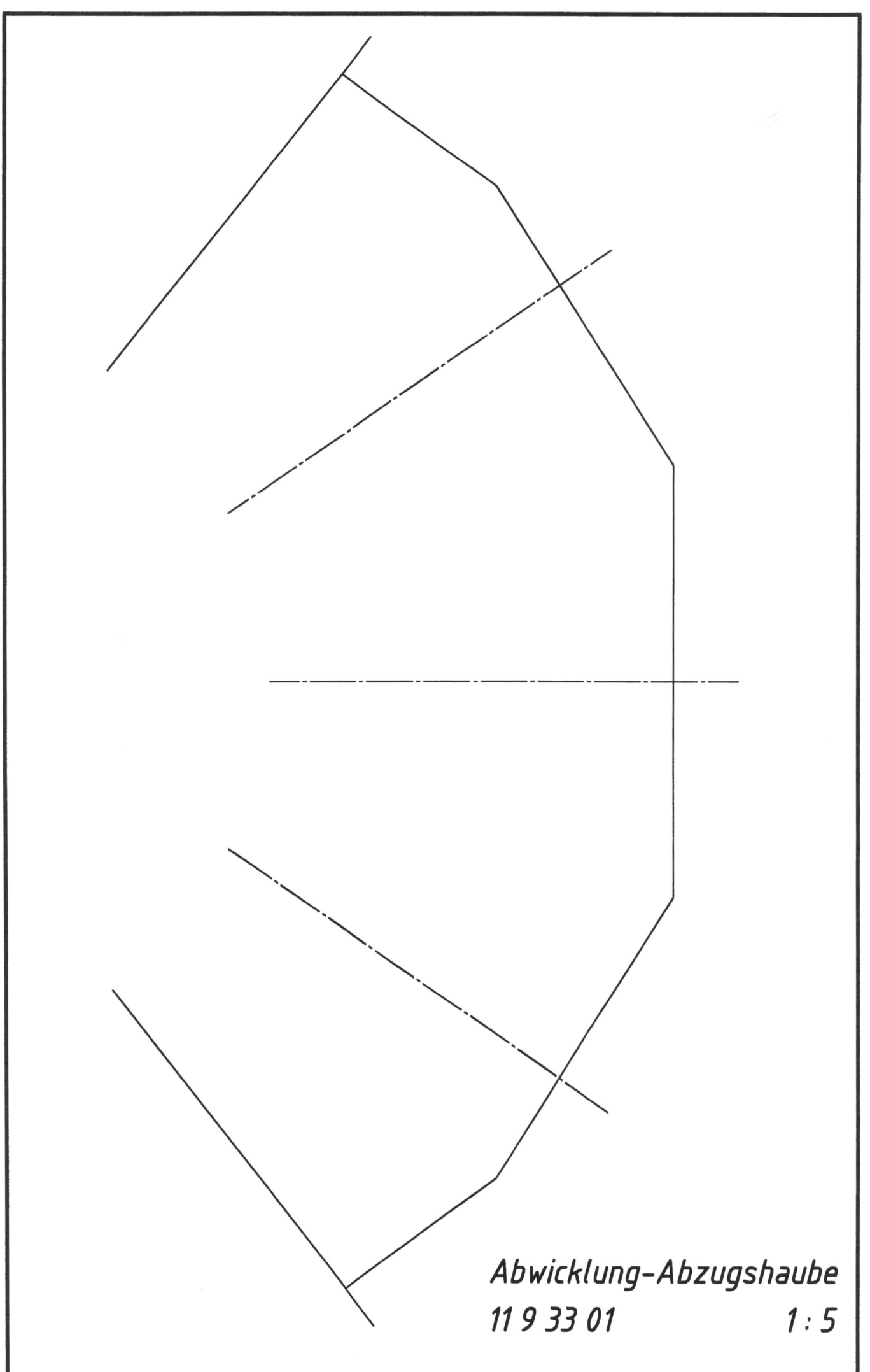

Abwicklung-Abzugshaube
11 9 33 01   1 : 5

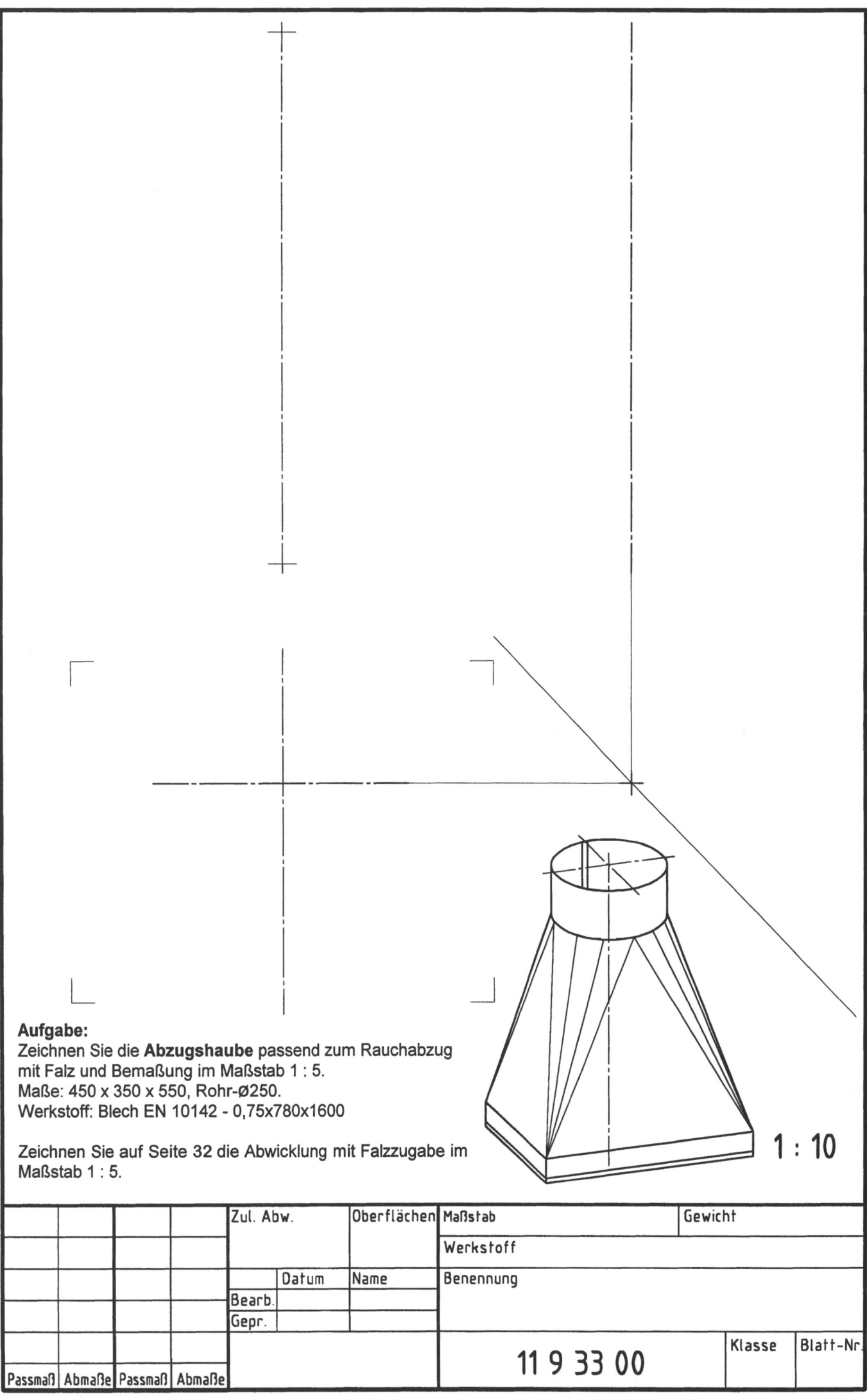

Aufgabe:
Zeichnen Sie die **Abzugshaube** passend zum Rauchabzug mit Falz und Bemaßung im Maßstab 1 : 5.
Maße: 450 x 350 x 550, Rohr-Ø250.
Werkstoff: Blech EN 10142 - 0,75x780x1600

Zeichnen Sie auf Seite 32 die Abwicklung mit Falzzugabe im Maßstab 1 : 5.

1 : 10

				Zul. Abw.		Oberflächen	Maßstab		Gewicht		
							Werkstoff				
					Datum	Name	Benennung				
				Bearb.							
				Gepr.							
							11 9 33 00			Klasse	Blatt-Nr.
Passmaß	Abmaße	Passmaß	Abmaße								

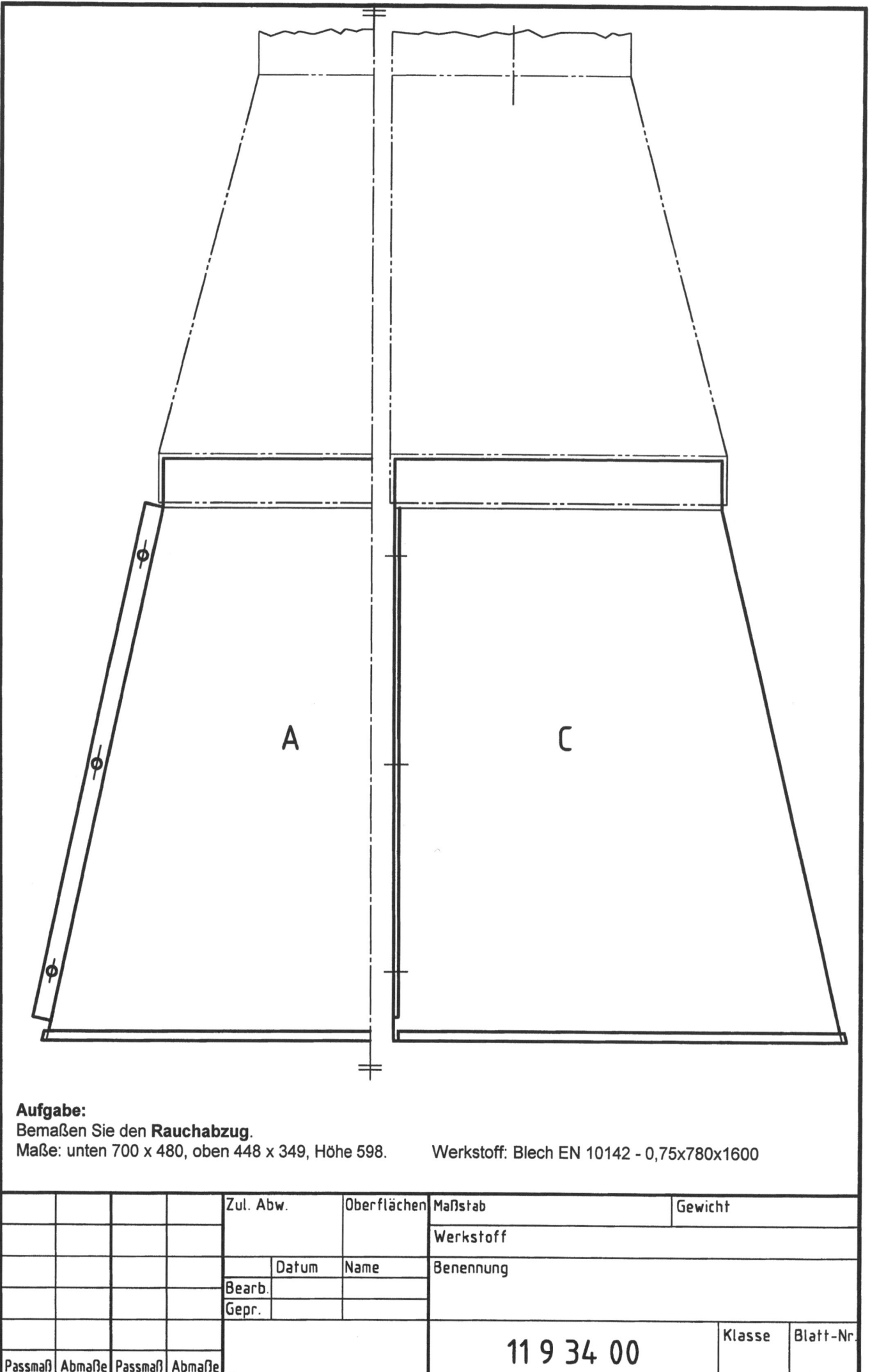

Aufgabe:
Bemaßen Sie den **Rauchabzug**.
Maße: unten 700 x 480, oben 448 x 349, Höhe 598.   Werkstoff: Blech EN 10142 - 0,75x780x1600

11 9 34 00

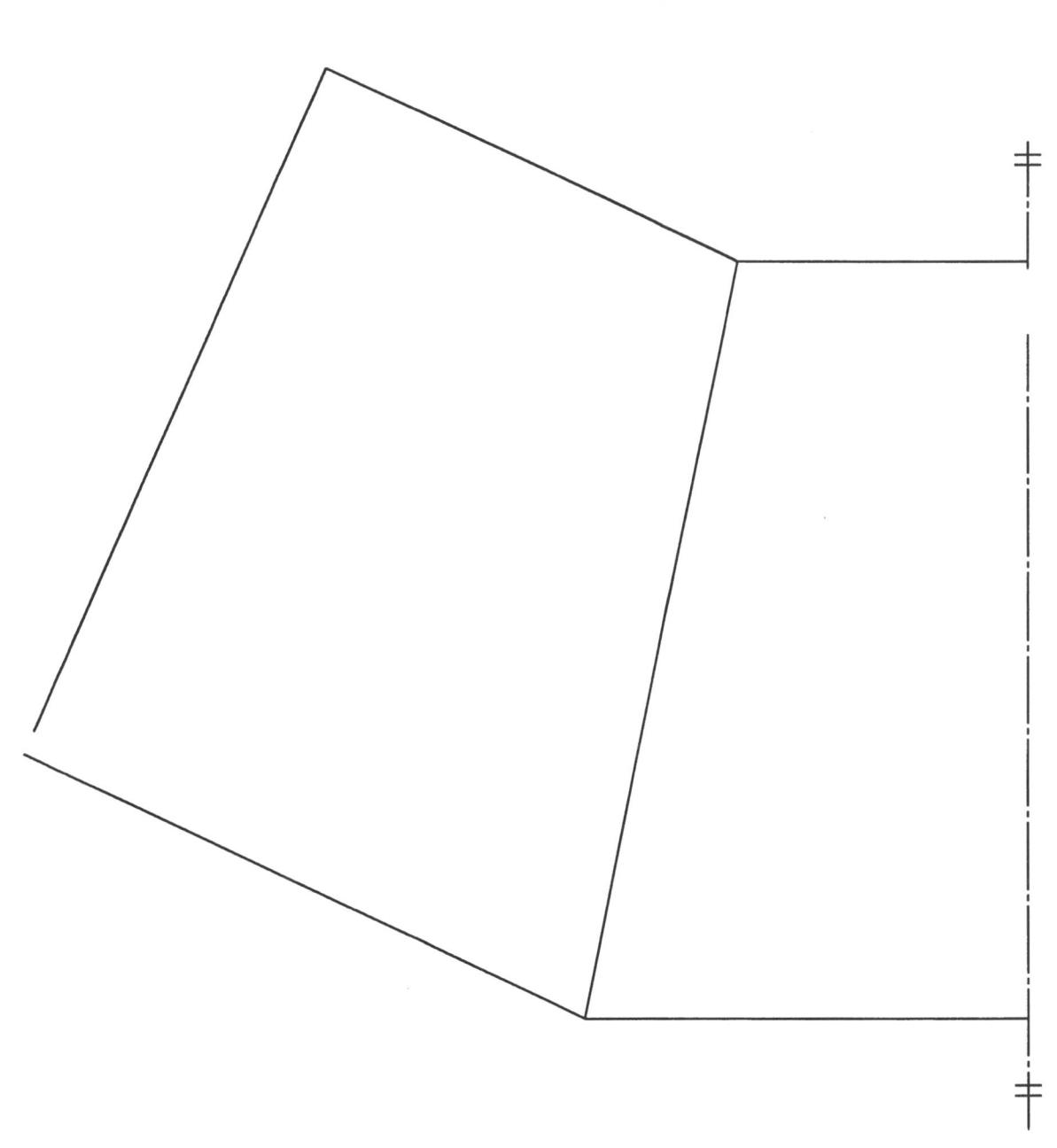

Aufgabe:
Zeichnen Sie die Hälfte der Abwicklung des **Rauchabzugs** von Seite 34 mit Falzzugaben mit Bemaßung im Maßstab 1 : 5.

Werkstoff: Blech EN 10142 - 0,75x780x1600
Zeichnungs-Nr. **11 9 34 01**

				Zul. Abw.	Oberflächen	Maßstab		Gewicht	
						Werkstoff			
				Datum	Name	Benennung			
				Bearb.					
				Gepr.					
				Schule				Klasse	Blatt-Nr.
Passmaß	Abmaße	Passmaß	Abmaße						

Rohrleitungen L

Aufgabe 1:
Zeichnen Sie das im Maßstab 1 : 10 in drei Ansichten vorgegebene **Rohrschema** in isometrischer Darstellung.

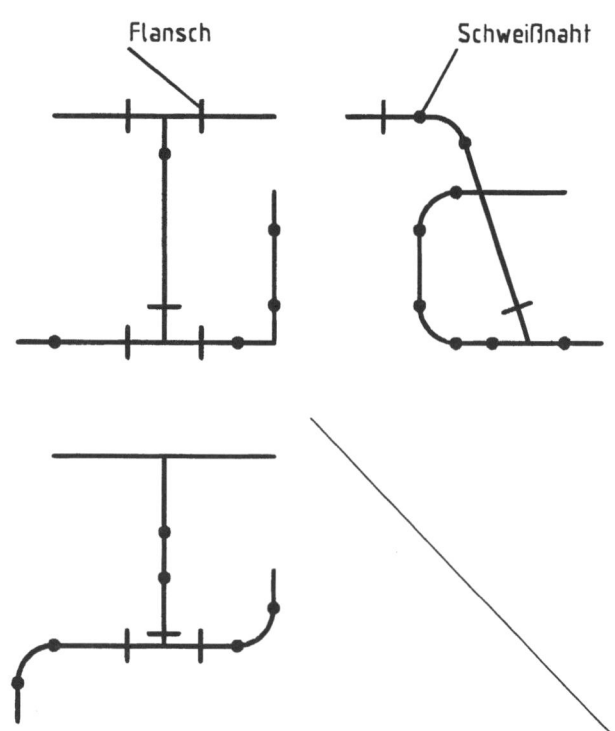

Aufgabe 2:
Zeichnen Sie das im Maßstab 1 : 10 in räumlicher Darstellung vorgegebene **Rohrschema** in 3 Ansichten im Maßstab 1 : 10.

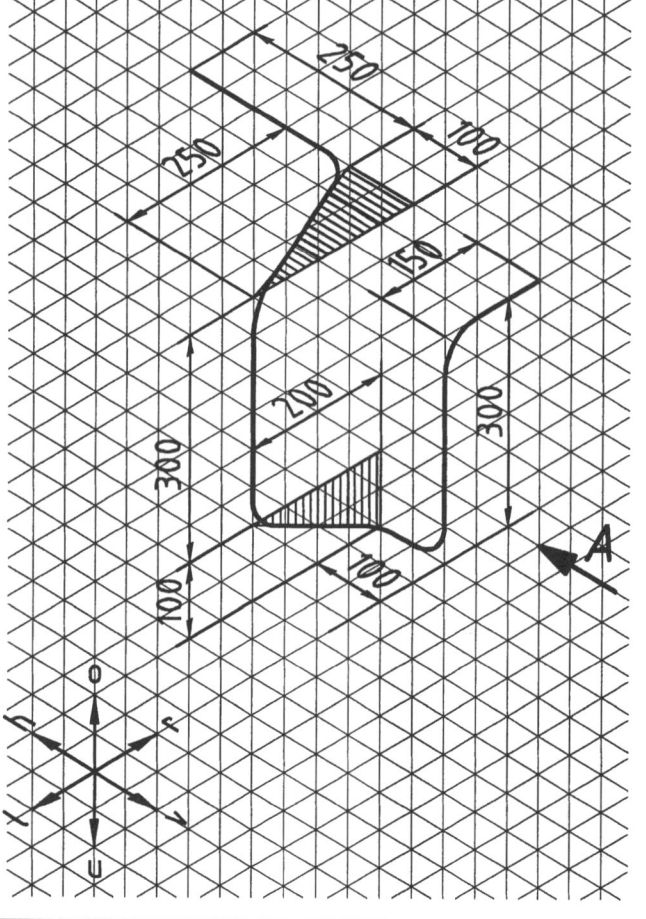

Umformen - Biegen

Beim Biegen von Blechen, Profilen und Rohren werden die äußeren Fasern des Werkstücks gestreckt, die inneren dagegen gestaucht. Zwischen beiden befindet sich die **neutrale Faser**, die spannungsfrei bleibt. Ihre Länge ändert sich nicht. Sie liegt bei Biegeradien > Werkstoffdicke annähernd in der Mitte.

Dünnwandige Teile aus Stahl, sowie dicke Teile bei geringfügiger Verformung werden kalt gebogen. Große Verformung an dickeren Teilen können bei Rotglut im Bereich von 800 °C bis 950 °C gebogen werden, mit anschließendem langsamen Abkühlen. Das Anwärmen sollte in Stufen erfolgen.

Dünnwandige Rohre werden mit Rohrbiegern von Hand oder mit Rohrbiegemaschinen gebogen. Dickwandige Rohre müssen unter Umständen mit Sand gefüllt und im glühenden Zustand gebogen werden.
Achtung: **Unfallgefahr!**

Der Radius an der Biegerolle zum Einlegen des Rohres ist ca. 1... 2 mm über die Mitte des Rohres hinaus zu einer Geraden verlängert. Dadurch kann das Rohr seitlich nicht ausweichen und sich dabei im Querschnitt verändern. Er beträgt ca. 3,5 mal mittlerer Rohrdurchmesser. Mit der Biegebacke wird das Rohr um die Rolle gezogen.

Für einfache Biegungen an Flachstählen eignen sich Schwenkbiegemaschinen. Bei größeren Stückzahlen werden Biegewerkzeuge mit Stempel und Gesenk verwendet (siehe Seite 47 und 49).

Abb. 1

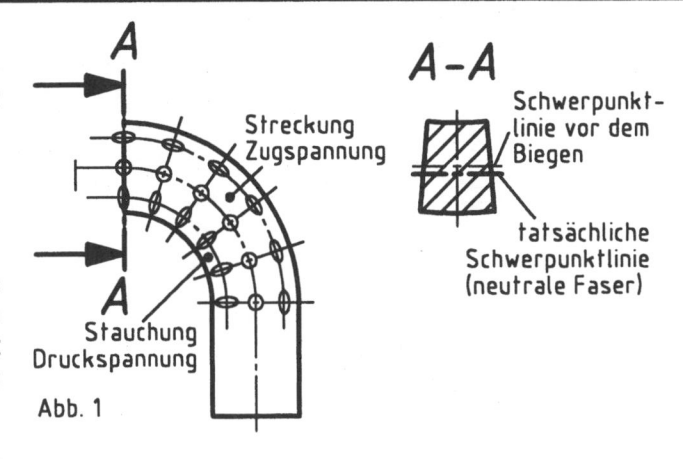

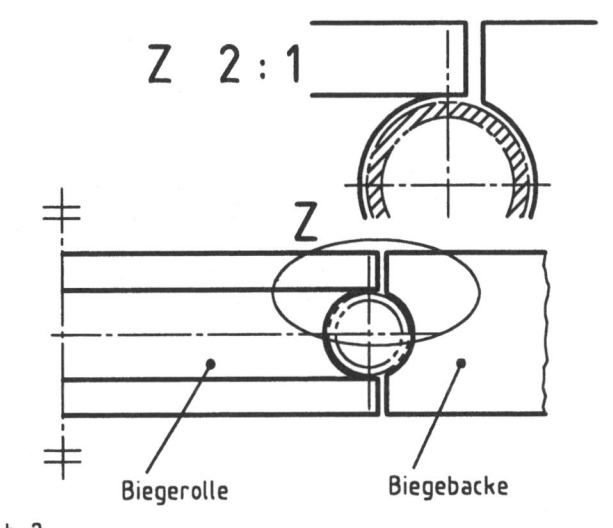

Abb. 2

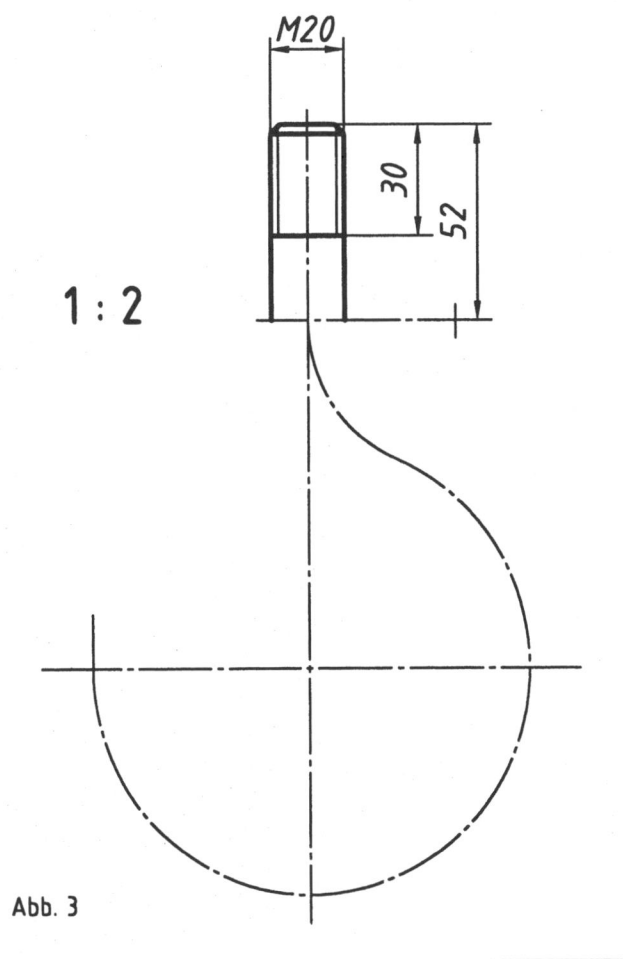

Abb. 3

Aufgabe:
- Fertigen Sie einen Lasthaken aus einem Rundstahl DIN 1013-S275JR -Ø20 mit Gewinde M20.
- Zeichnen Sie den Haken nach Vorgabe der Mittellinie im Maßstab 1 : 2 mit Bemaßung.
- Fertigen Sie das Rohr aus St oder Cu mit Ø12, zur Aufgabe 2 nach der Zeichnung auf Seite 36.

Name	Klasse	Datum	Blatt

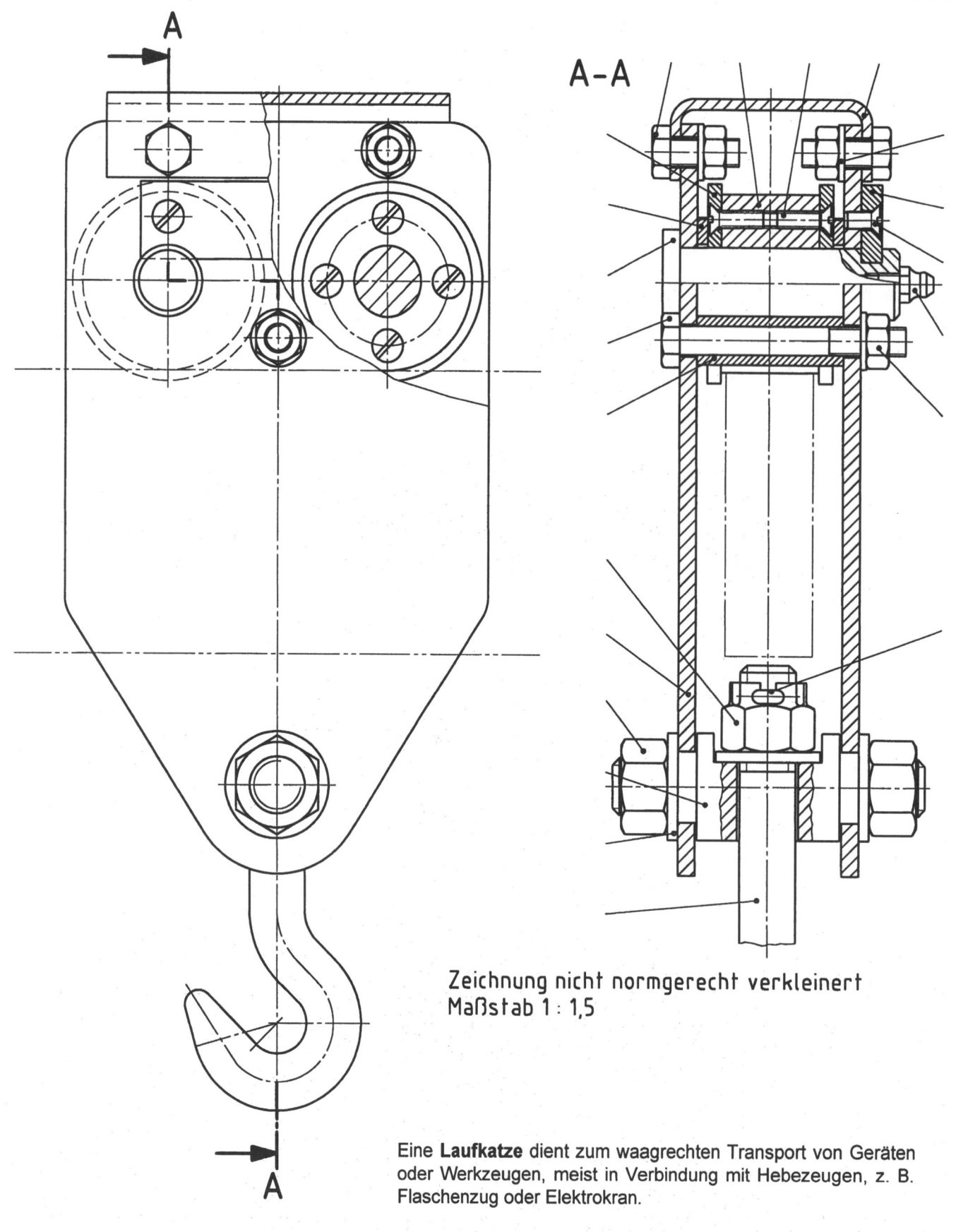

Zeichnung nicht normgerecht verkleinert
Maßstab 1 : 1,5

Eine **Laufkatze** dient zum waagrechten Transport von Geräten oder Werkzeugen, meist in Verbindung mit Hebezeugen, z. B. Flaschenzug oder Elektrokran.

Diese Laufkatze läuft auf einem Flachstahl DIN EN 10278-80 x 25, in der Gesamtzeichnung mit Strich-Zweipunktlinien angedeutet.

Aufgabe:
- Tragen Sie die Pos.-Nr. in die Gesamtzeichnung ein (siehe Stückliste).
- Lesen Sie die Zeichnung und machen Sie sich mit Form, Anordnung und Funktion vertraut. Beachten Sie den Schnittverlauf.

Aufgabe:
- Ergänzen Sie Stückliste und Teilzeichnungen auf den folgenden Seiten.
- Ergänzen Sie in der Stückliste die Werkstoffangaben und die Rohmaße der Einzelteile.
- Ergänzen Sie für die Normteile die Normangaben und die Größen.
- Die Lagerbleche (5) sind 5 mm dick, der **Gelenkbolzen** (3) hat beidseitig einen zylindrischen Ansatz mit Ø20. Bemaßen Sie die Längen X und Y so, dass sich der Lagerbolzen leicht drehen lässt.
- Bei Belastung des Hakens (1) treten für den **Gelenkbolzen** Scher- und Biegespannungen auf. Ermitteln Sie das Maß Z. Berechnen Sie die Scherkraft für den kleinsten Querschnitt des Gelenkbolzens bei τ_{aB} = 500 N/mm².
- Ermitteln Sie die max. Belastung des Bolzens bei dreifacher Sicherheit. Berücksichtigen Sie für die Fläche B einen Abzug von 10 %.
- Zeichnen und bemaßen Sie auf Seite 41 das **Lagerblech** (5) im Maßstab 1 : 1. Bei symmetrischen Teilen genügt eine Teilansicht.
- Geben Sie am **Distanzrohr** (7) für die Länge 42 die Toleranz an. Beachten Sie die Funktion der Länge.
- Bemaßen Sie am **Bolzen mit Kopf** (9) die Längen und die Nut. Beachten Sie die Funktion und tragen Sie nötige Toleranzen ein.

Aufgabe:
Zeichnen Sie das Abdeckblech (15) auf einem gesonderten Blatt.
- Berechnen Sie die gestreckte Länge
- Bemaßen Sie die Zeichnung
- Beschreiben Sie die Funktion der Einzelteile.
- Erstellen Sie eine Montageanleitung.

Pos	Menge	Einheit	Benennung	Sachnummer/Norm-Kurzbezeichnung	Bemerkung
21	1	Stck.	Splint	ISO 1234-4x35	
20	5	Stck.	Sechskantmutter		
19	2	Stck.	Schmiernippel	DIN 71412-A M6	
18	2	Stck.	Senkschraube	ISO 2009-M5x10	
17	1	Stck.	Sicherungsleiste		
16	5	Stck.	Scheibe		
15	1	Stck.	Abdeckblech		
14	16	Stck.	Senkschraube	ISO 2009-M5x16	
13	2	Stck.	Laufrolle		
12	4	Stck.	Sechskantschraube		
11	4	Stck.	Bordscheibe		*abgestochen*
10	4	Stck.	Scheibe		
9	2	Stck.	Bolzen mit Kopf		
8	1	Stck.	Sechskantschraube	ISO-4014-M8x65-8.8	
7	1	Stck.	Distanzrohr		
6	1	Stck.	Kronenmutter	DIN 935-M16	
5	2	Stck.	Lagerblech		
4	2	Stck.	Sechskantmutter	ISO-4032-M16-6	
3	1	Stck.	Gelenkbolzen		
2	3	Stck.	Scheibe	ISO 7090-16-200 HV	
1	1	Stck.	Haken		*vergütet*
1	2	3	4	5	6

Benennung: Laufkatze

11 9 39 00

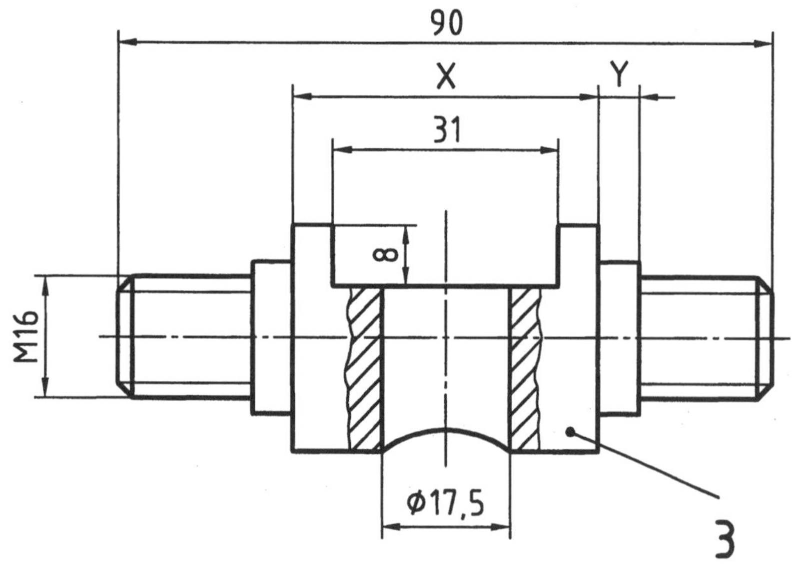
90
X
Y
31
8
M16
Ø17,5
3

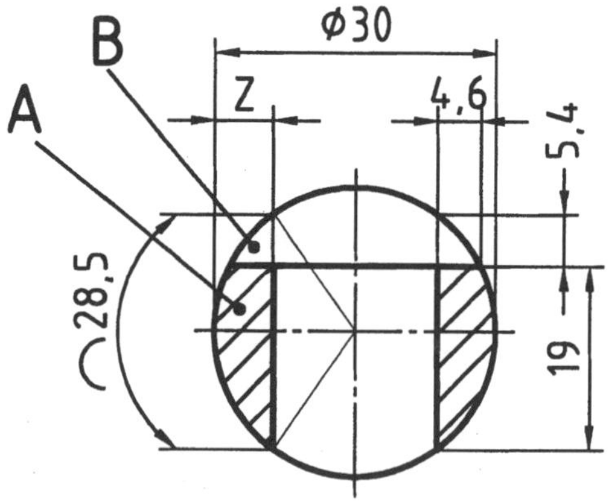
B
A
Ø30
Z
4,6
5,4
28,5
19

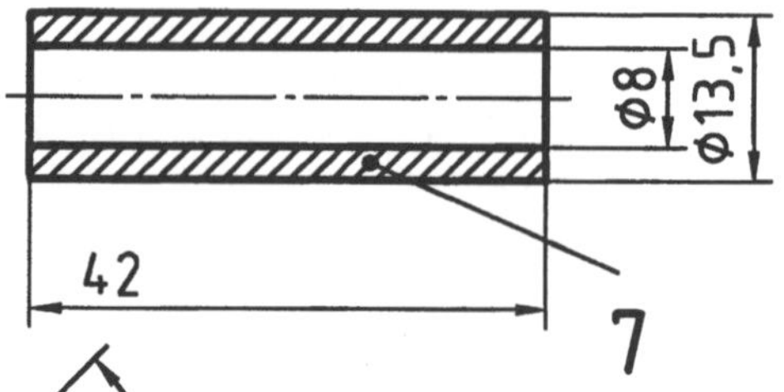
Ø8
Ø13,5
42
7

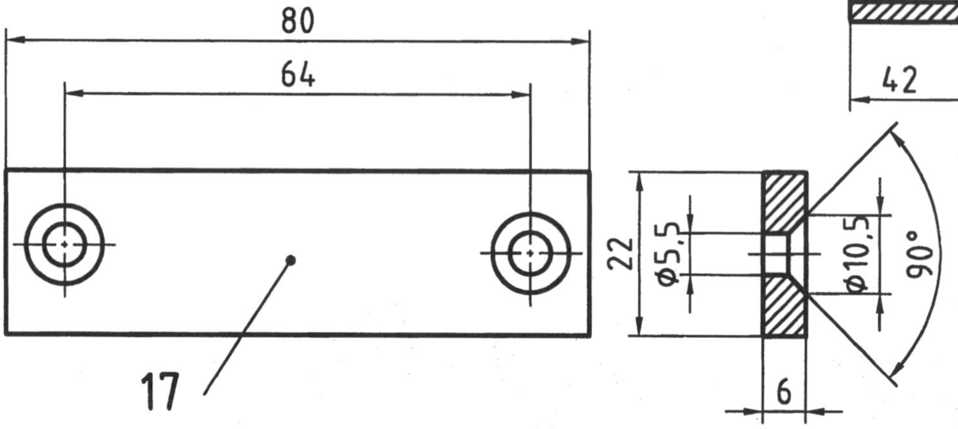
80
64
17
22
Ø5,5
Ø10,5
90°
6

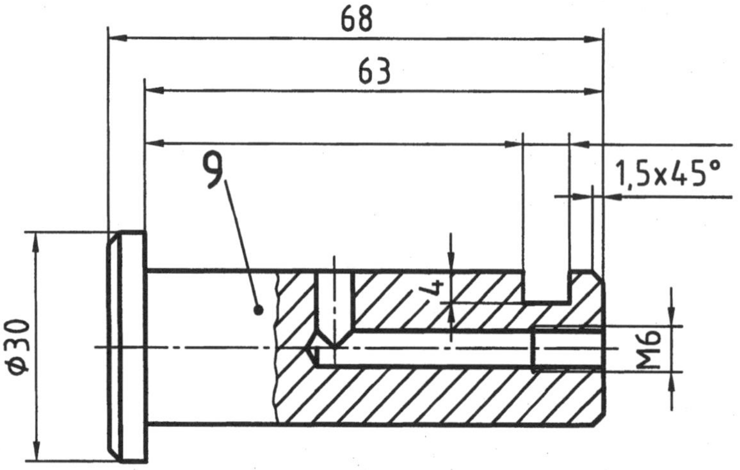
68
63
9
1,5x45°
4
Ø30
M6

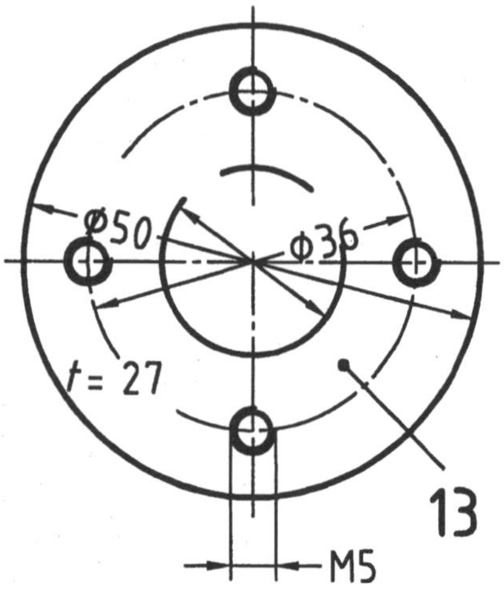
Ø50
Ø36
t = 27
13
M5

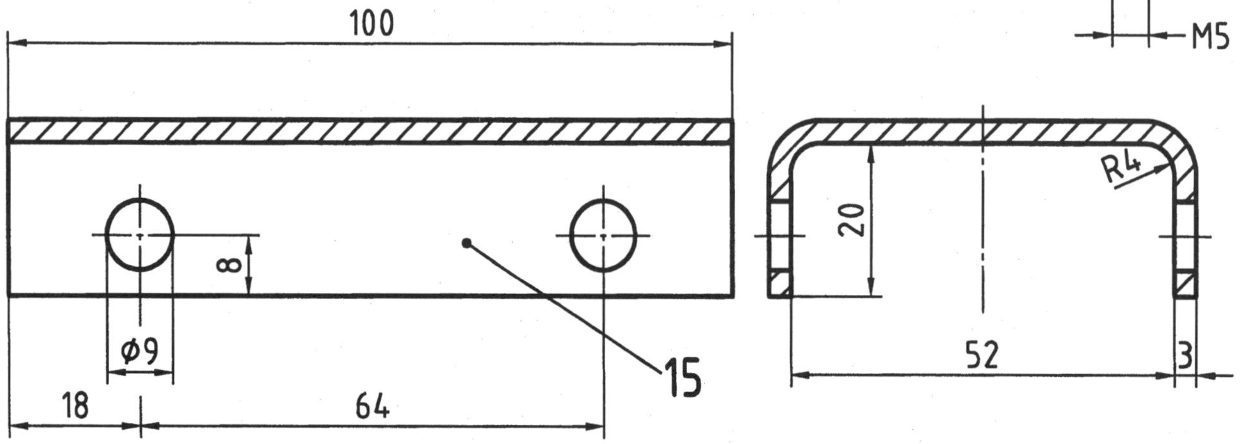
100
8
Ø9
18
64
15
R4
20
52
3

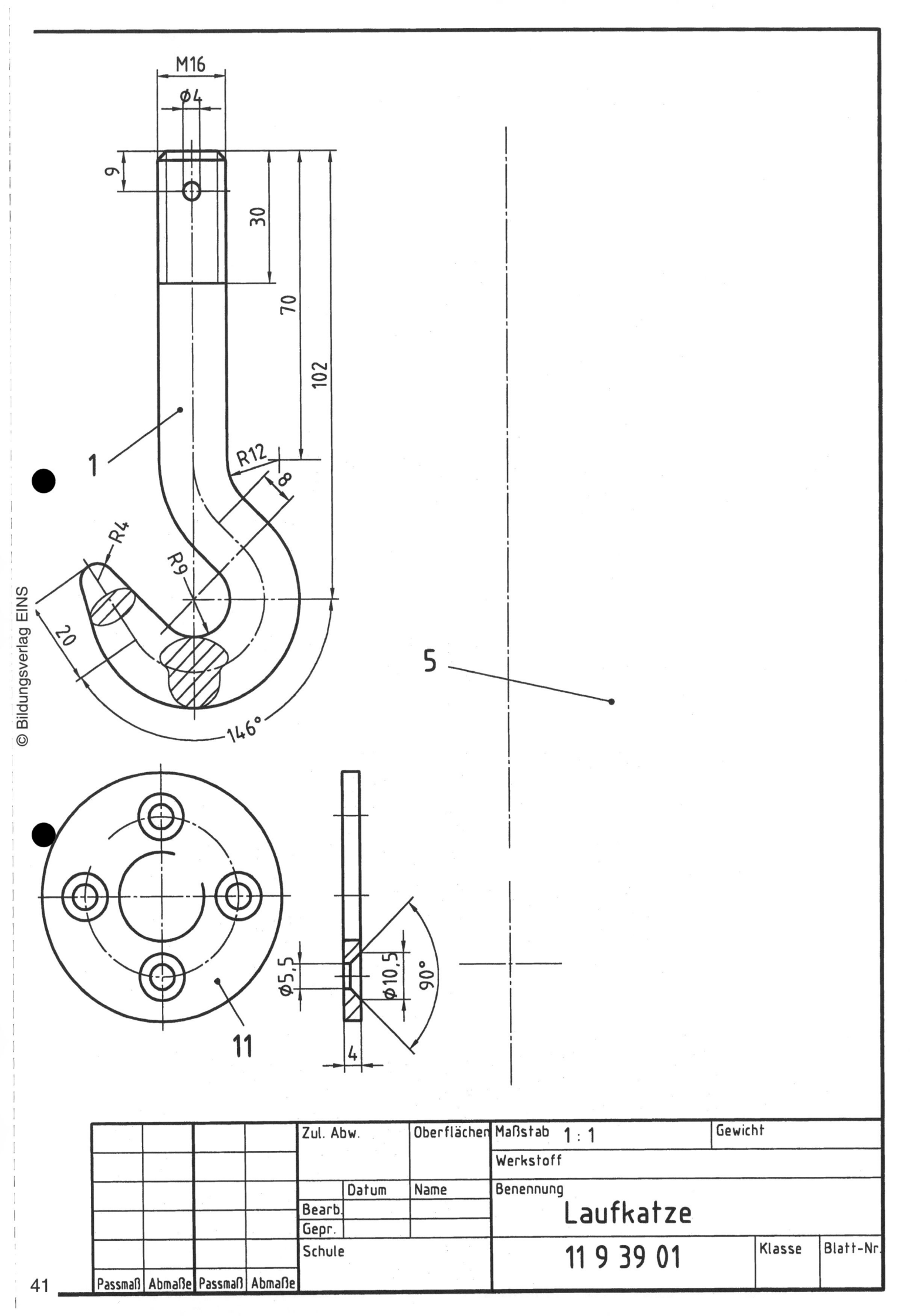

Laufkatze

11 9 39 01

Maßstab 1:1

Laufkatzenanschlag | L

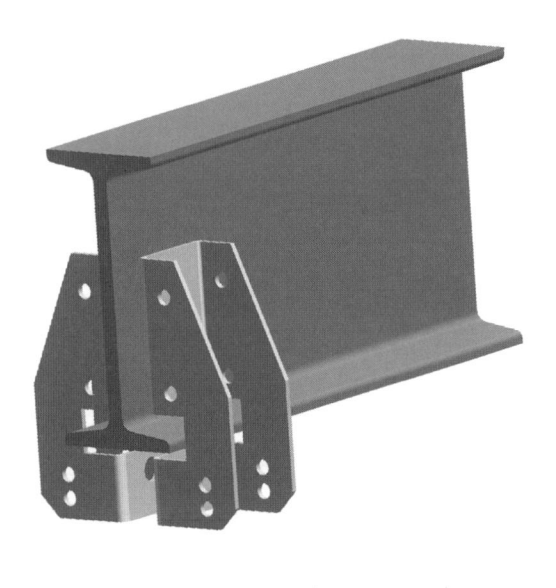

Für einen schmalen I-Träger **DIN 1025 - I 200** sollen Anschläge aus Blech DIN EN 10029, 6 mm dick für die Laufkatze gefertigt werden.

Die Anschläge werden am I-Träger mittels Keilspannern befestigt. Das hat den Vorteil, dass sie an jeder beliebigen Stelle befestigt werden können, ohne jeweils den Träger durch Bohrungen zu schwächen.

An den nach oben zeigenden Schenkeln werden Gummipuffer befestigt.

Aufgabe:
- Zeichnen Sie die Seitenansicht des Anschlags in die Vorgabe auf Seite 43 im Maßstab 1 : 1.
- Höhe: 180   Breite (gebogen) außen: 72
- Ermitteln Sie den Biegeradius.

$$r = \underline{\qquad}$$

- Ermitteln Sie anschließend die gestreckte Länge.
- Ermitteln Sie die Masse (Gewicht) des fertigen Anschlags.
- Ermitteln Sie die Anzahl der Teile, die aus der Blechtafel 2500 x 1250 auf einer LASER-Schneidmaschine gefertigt werden können. Der Steg zwischen den Teilen ist 15 mm.
- Ermitteln Sie den Verschnitt (runde Löcher und Aussparung bleiben dabei unberücksichtigt)
- Zeichnen Sie auf einem gesonderten Blatt die Blechabwicklung im Maßstab 1 : 2 (ermittelte Maße auf ganze Zahlen runden).
- Erstellen Sie auf einem gesonderten Blatt ein NC-Programm für eine Laser-Steuerung.

Aufgabe:
Die Abb. stellt in Strich-Zweipunktlinien das Profil eines I-Trägers dar.

– Ermitteln Sie die Maße aus dem Tabellenbuch.

h _____

b _____

s _____

t _____

h_1 _____

– Zeichnen Sie die Seitenansicht des Anschlags

Richten Sie sich bei der Gestaltung der äußeren Form nach den Abbildungen.

Die Größe der Aussparung ist so zu wählen, dass der gebogene Anschlag über den Flansch passt. Die Keilspanner drücken den Anschlag an den Steg und gleichzeitig nach unten.

Ermittelte Maße werden in der Abwicklung auf ganze Zahlen gerundet.

Die Position der Bohrungen kann frei gewählt werden.

				Zul. Abw.	Oberflächen	Maßstab 1:2		Gewicht	
						Werkstoff			
				Datum	Name	Benennung			
				Bearb.		**Laufkatzenanschlag**			
				Gepr.					
						11 6 43 01		Klasse	Blatt-Nr.
Passmaß	Abmaße	Passmaß	Abmaße						

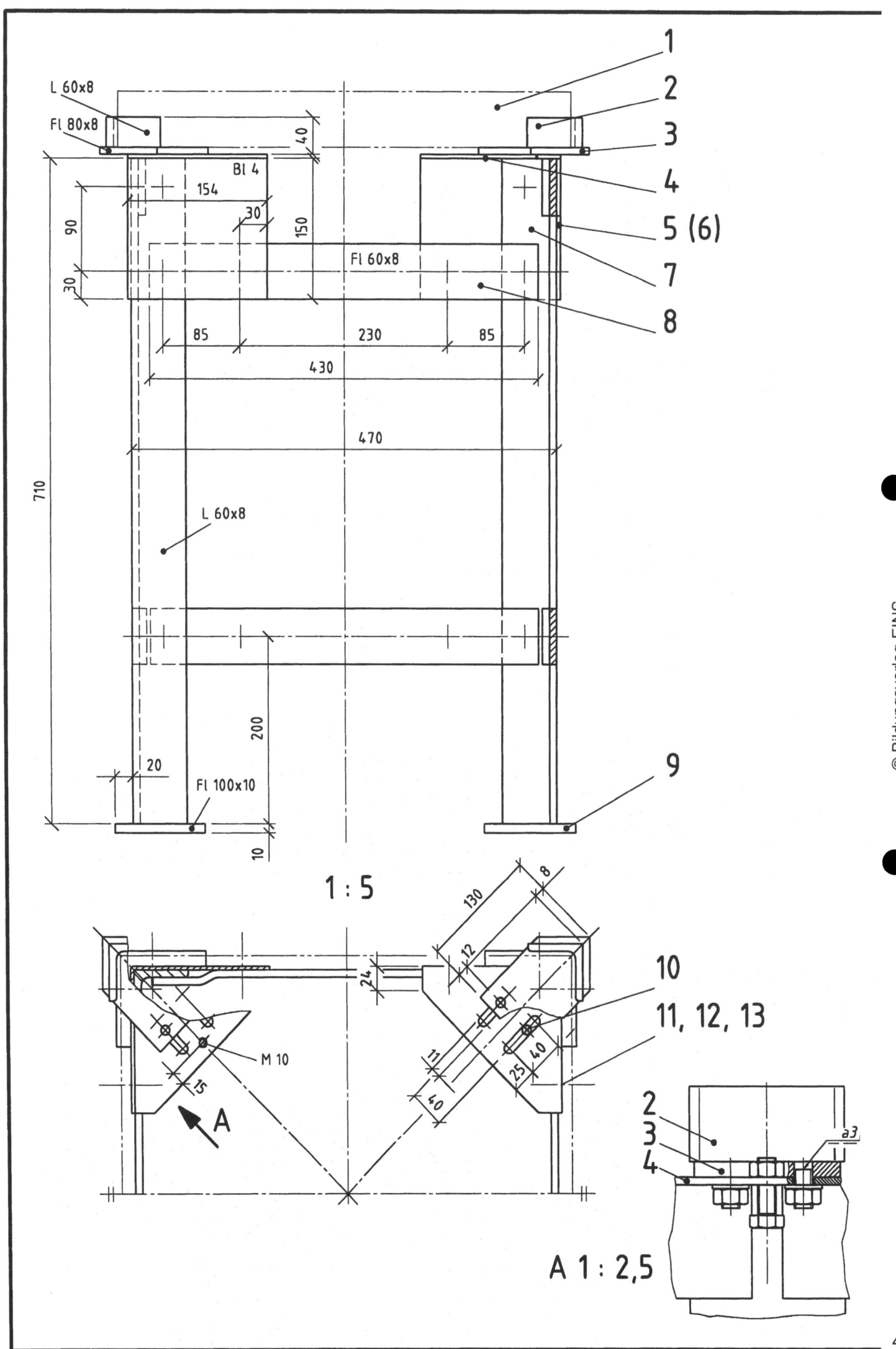

L 60x8
Fl 80x8
Bl 4
154
30
40
90
30
150
Fl 60x8
85 230 85
430
470
710
L 60x8
200
20
Fl 100x10
10

1:5

130
8
12
24
M 10
15
A
11
40
25
40

1
2
3
4
5 (6)
7
8

9

10
11, 12, 13

2
3
4
a3

A 1:2,5

44

Aufgabe:
Das Foto zeigt ein Richtplattenuntergestell für eine Richtplatte 500x500x60.
- Berechnen Sie die Massen (Rohgewichte) der Pos. 1 bis Pos. 9 und tragen Sie diese in Spalte 6 der Stückliste ein.
- Kennzeichnen Sie am Foto mit einem Pfeil die Richtung der Vorderansicht von Seite 44.
- Zeichnen Sie auf einem gesonderten Blatt die Einzelteile und die Ansicht A als Ausschnitt im Maßstab 1 : 2.

Fragen:
Wie nennt man die Darstellungsart der Vorderansicht von Seite 44?
_____

Warum sind alle acht Streben gleich?
_____
_____
_____
_____

Warum sind die Streben gekröpft?
_____
_____

Wozu dient das Gewinde M10 in einem der Verstellbleche?
_____
_____

Aufgabe:
In Ihrem Betrieb oder in den Schulwerkstätten ist eine Hebelschere oder eine Tischbohrmaschine auf einem Metalluntergestell montiert.
- Sehen Sie sich ein Untergestell genau an, messen Sie es aus und machen Sie Fertigungsskizzen mit Maßangaben für die Fertigung.
- Erstellen Sie eine Stückliste mit den Werkstoffangaben.
- Berechnen Sie die Werkstoffmasse (-gewicht).
- Ermitteln Sie die Werkstoffkosten.

Pos	Menge	Einh.	Benennung	Sachnummer/Norm-Kurzbezeichnung	Bemerkung
13	41	Stck.	Sechskantmutter	ISO 4032 - M10 - 8	
12	40	Stck.	Scheibe	ISO 7089 - 10,5 -St	
11	40	Stck.	Sechskantschraube	ISO 4017 - M10x30 -8.8	
10	8	Stck.	Gewindebolzen	DIN 975 - M10x20	
9	4	Stck.	Fußplatte	Fl EN 10058 - 100x10x100	
8	8	Stck.	Strebe	Fl EN 10058 - 60x8x435	
7	4	Stck.	Winkelfuß	L EN 10056-1 - 60x8x710	
6	2	Stck.	Winkelblech	Bl EN 10029-4x150x300	spiegelbildlich
5	2	Stck.	Winkelblech	Bl EN 10029-4x150x300	
4	4	Stck.	Verstellblech	BL EN 10029-4x150x150	
3	4	Stck.	Auflage	Fl EN 10058 - 80x8x130	
2	4	Stck.	Haltewinkel	L EN 10056-1 - 60x8x40	
1	1	Stck.	Richtplatte		
1	2	3	4	5	6

Benennung: Richtplattenuntergestell
11 10 45 00

6 spiegel-
bildlich

4

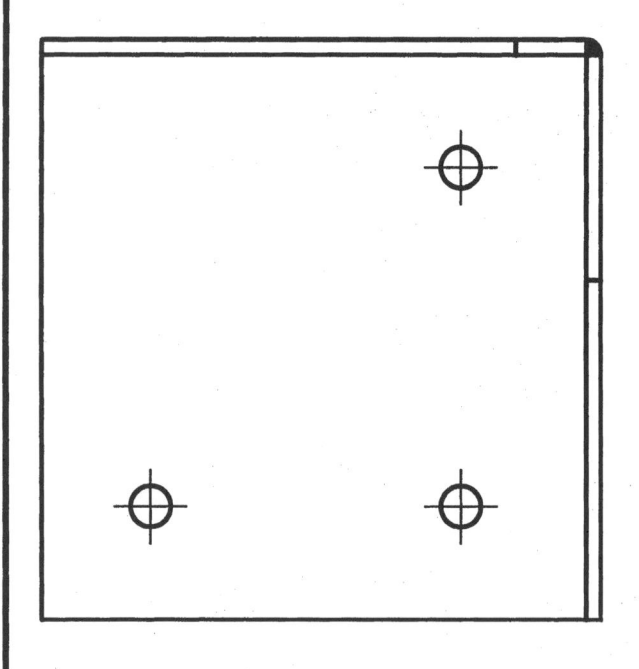

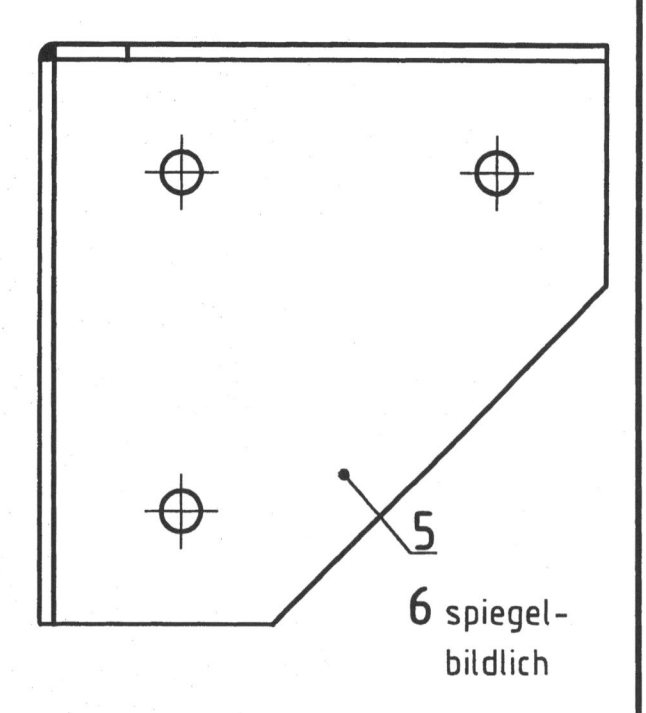

Aufgabe:
Die im Maßstab 1 : 2 vorgegebenen, gebogenen und geschweißten **Winkel- und Verstellbleche** sind in der Gesamtzeichnung im Maßstab 1 : 5 auf Seite 44 dargestellt.
– Bemaßen Sie die hier vorgegebenen Teile.
– Tragen Sie die Schweißangaben für die Ecknähte ein.

– Bemaßen Sie auf Seite 48 den **Winkelfuß** Pos. 7 und die die **Strebe** Pos. 8.

– Zeichnen Sie auf einem gesonderten Blatt die **Verstellbleche** Pos. 4 und die Abwicklung der **Winkelbleche** Pos. 5 und 6 mit Bemaßung.
– Allgemeintoleranz nach DIN ISO 2768 mittel.
– Werkstoffangabe nach Stückliste.
– Ermitteln Sie für die Herstellung von 40 Verstellblechen den Verschnitt bei einer Bandbreite von 90 mm und bei einer Bandbreite von 150 mm.

– Zeichnen Sie auf einem gesondertem Blatt den **Haltewinkel** Pos. 2 / 3, die **Fußplatte** Pos. 9 im Maßstab 1 : 2 mit Bemaßung und die **Ansicht „A"** aus der Gesamtzeichnung im Maßstab 1 : 1 mit Angabe der Positionsnummern.

				Zul. Abw.		Oberflächen	Maßstab		Gewicht	
							Werkstoff			
					Datum	Name	Benennung			
				Bearb.						
				Gepr.						
				Schule					Klasse	Blatt-Nr.
Passmaß	Abmaße	Passmaß	Abmaße							

Aufgabe:
- Bemaßen Sie den **Einspannzapfen** DIN ISO 10242-CE40-M30x2.

- Zeichnen Sie einen **Biegestempel** für das im Maßstab 1 : 2 in dimetrischer Darstellung vorgegebene Gesenk im Maßstab 1 : 1 mit Bemaßung.
- 70 x 50 x 150, Winkel 89°, R = 4 mit Gewinde M30x2.
- Werkstoff: C 80 U, Wst.-Nr. 1.1525
- Allgemeintoleranzen nach DIN ISO 2768 -mK.

- Bemaßen Sie das im Maßstab 1 : 2 vorgegebene **Biegegesenk**.
- Entnehmen Sie die Maße der Vorgabe.
- Werkstoff: C45E+QT
- Allgemeintoleranzen nach DIN ISO 2768 -mK.

- Zeichnen Sie auf Seite 49 ein **Biegewerkzeug** für die Strebe, Pos. 8 im Maßstab 1 : 2 mit Bemaßung.

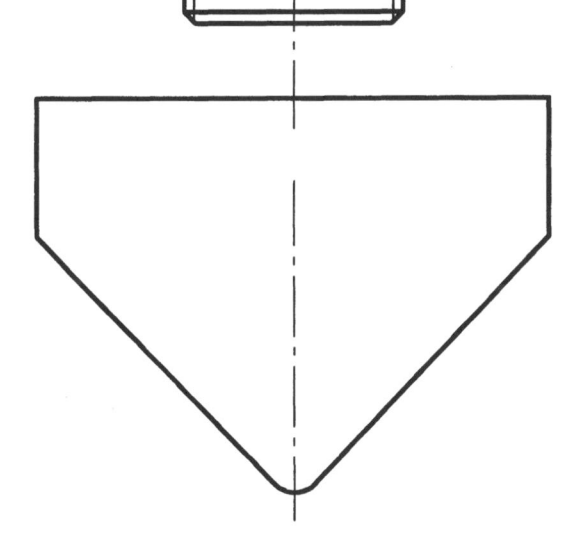

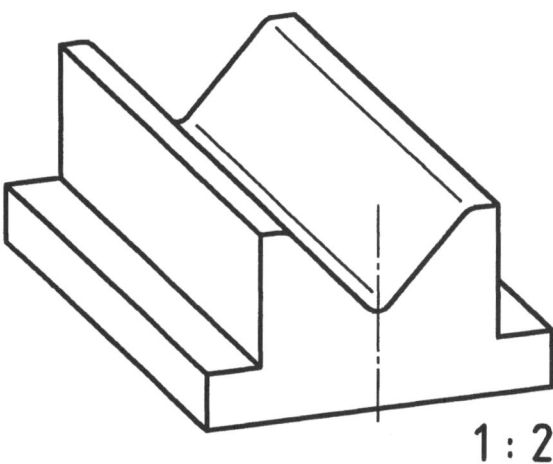

Benennung: Biegestempel

11 10 45 01

				Zul. Abw.	Oberflächen	Maßstab		Gewicht	
						Werkstoff DIN 1017 / DIN EN 10056			
				Datum	Name	Benennung			
				Bearb.		**Winkelfuß/Strebe**			
				Gepr.					
								Klasse	Blatt-Nr.
Passmaß	Abmaße	Passmaß	Abmaße						

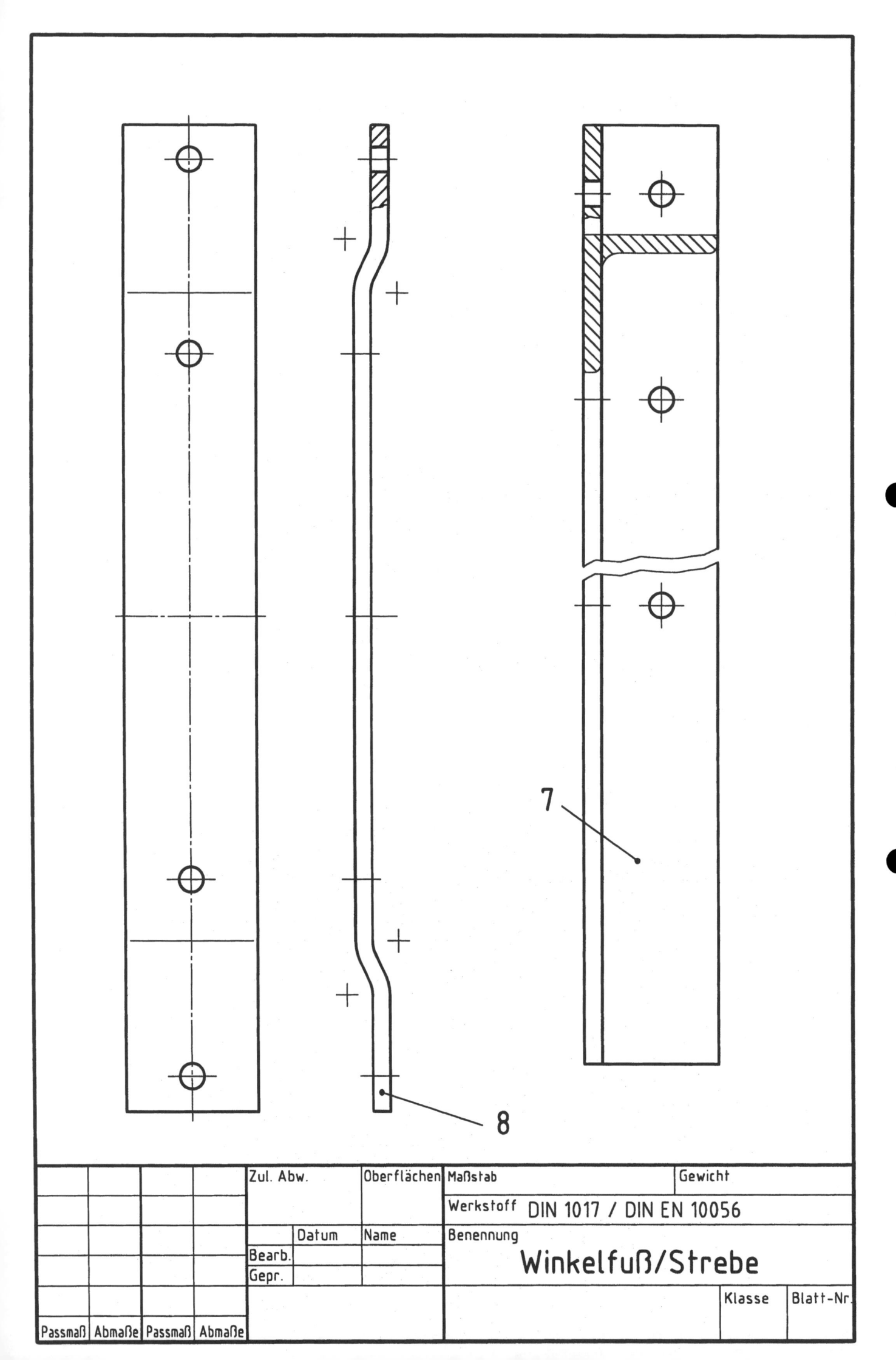

Gesenk von oben:

Stempel von unten:

Einspannzapfen:
DIN ISO 10242-CE40-M30x2

Zul. Abw.	Oberflächen	Maßstab 1 : 2	Gewicht	
		Werkstoff		
	Datum	Name	Benennung	
Bearb.			**Biegestempel/-gesenk**	
Gepr.				
Schule				
Passmaß	Abmaße	Passmaß	Abmaße	Klasse	Blatt-Nr.

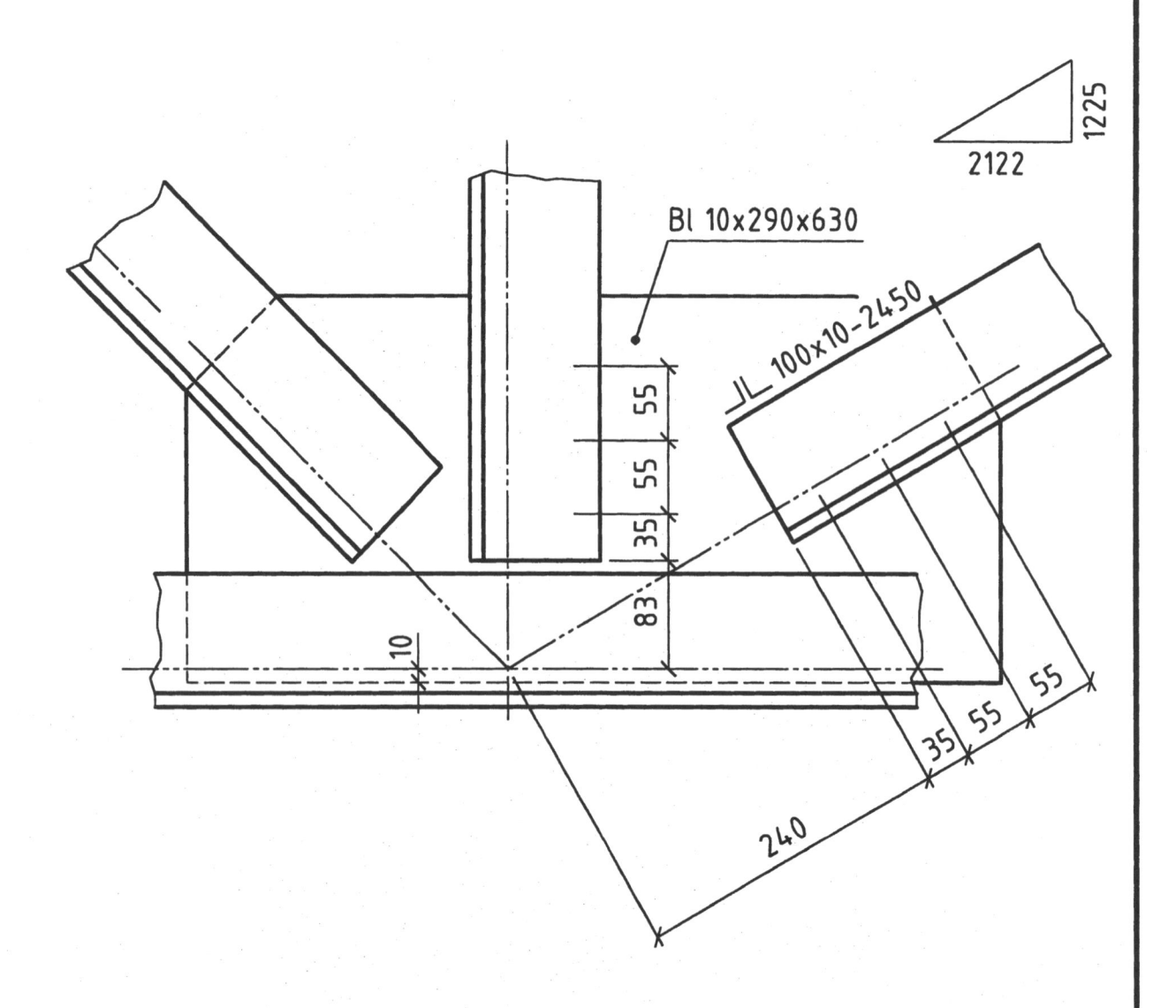

Verbindungen von Profilen mit einem Knotenblech werden nach **DIN ISO 5261** dargestellt und bemaßt.

Aufgabe:
Ergänzen Sie die Zeichnung nach folgenden Regeln:
- Die Schwerpunktlinien werden mit schmalen Strich-Zweipunktlinien gezeichnet. Sie treffen sich im Schwerpunkt.
- Die Bemaßung der Löcher erfolgt in Bezug auf die Schwerpunktlinien. Es werden der Mindestabstand zu den Rändern und die Lochmitten bemaßt.
- Die Bezeichnung für Schrauben und Niete wird in der Nähe des Symbols eingetragen.
- Die Neigung der Achsen soll auf beiden Seiten eines rechtwinkligen Dreiecks angegeben werden, wobei an die geraden Schenkel vorzugsweise die Werte der wirklichen Abstände oder in Klammer die auf 100 bezogenen Werte eingetragen werden.

- Zeichnen Sie das Dreieck für den linken Füllstab und geben Sie die auf 100 bezogenen Werte an. Die wirklichen Werte sind: 2000 und 2000.

In einer Zeichnung werden die Neigungen nicht unterschiedlich (normal und auf 100 bezogen) angegeben. Hier sollen aber an einem Beispiel die zwei Möglichkeiten gegenüber gestellt werden.

- Zeichnen Sie die Schwerpunktlinien für den Untergurt ein.
- Wählen Sie geeignete Sechskantschrauben für Stahlverbindungen aus.
- Zeichnen Sie die Symbole nach **DIN ISO 5261** ein und geben Sie die Schraubenkurzbezeichnung an. Die Verbindung wird in der Werkstatt hergestellt.

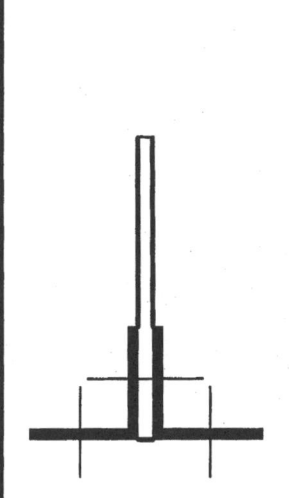

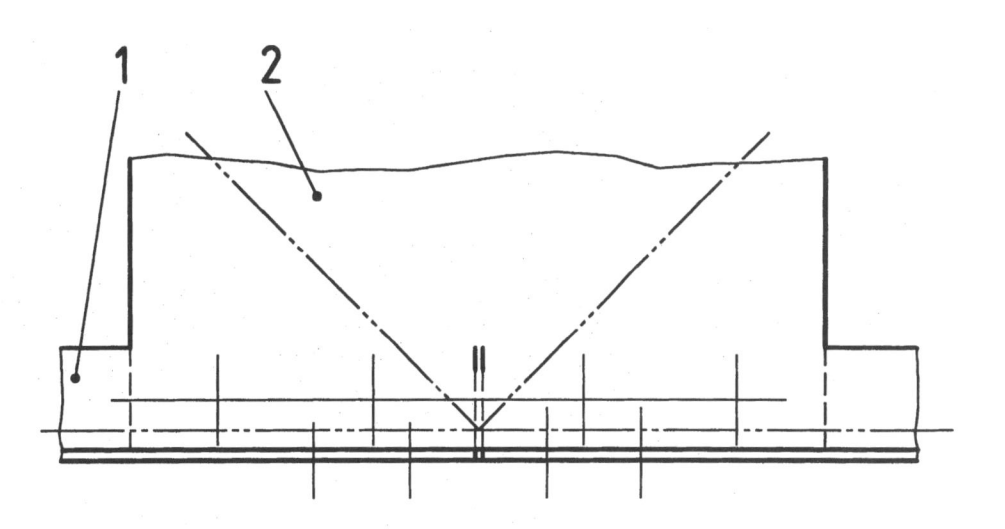

Aufgabe:
Zeichnen Sie die **Stoßverbindung** nach Vorgabe und Stückliste im Maßstab 1 : 5.
– Ergänzen Sie die Stückliste.
– Ermitteln Sie die Lochabstände nach DIN 997 und DIN 999 (Formeln Seite 14).

Lochabstand $\quad e = 3 \cdot d$ bis $6 \cdot d$ _____

Endabstand $\quad e_1 = 2 \cdot d$ bis $3 \cdot d$ _____

Randabstand $\quad e_2 = 1,5 \cdot d$ bis $3 \cdot d$ _____

d = Ø - Durchgangsloch

Die Abstände werden auf die Endzahlen 0 oder 5 aufgerundet.

Pos	Menge	Einheit	Benennung	Sachnummer/Norm-Kurzbezeichnung	Bemerkung
8		Stck.	Scheibe		
7		Stck.	Sechskantmutter	ISO 4034 – M20	
6		Stck.	Sechskantschraube		
5		Stck.	Sechskantschraube		
4		Stck.		Bl EN 10029 – 6x160x315	
3		Stck.		Fl EN 10058 – 40x12x445	
2	1	Stck.		– 10x475x400	
1	4	Stck.		L DIN 1028 – 75x7x8000	
1	2	3	4	5	6

11 8 51 00

Binder - Pfette

L

Arbeitsplanung:

Technologie
Welche Baustähle sind für die Verbindung Binder-Pfette geeignet?

_____

Begründen Sie Ihre Wahl.

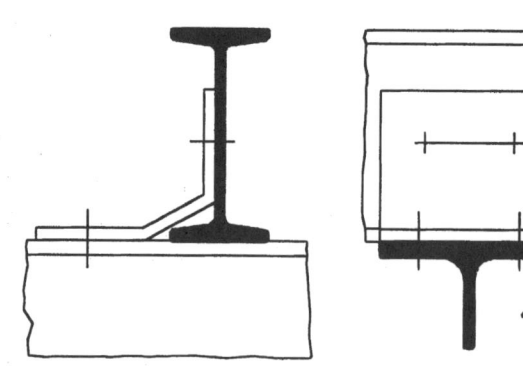

_____
_____
_____

Träger werden vorwiegend vertikal belastet. Welche Aufgabe hat diese Verbindung und wie wird sie belastet?

_____
_____

Berechnungen

Schraubenlänge: $l = t_1 + t_2 + s + m + Ü$

_____
_____
_____

Endabstand: $e_1 = 2 \cdot d$ bis $3 \cdot d$

_____
_____

Randabstand: $e_2 = 1{,}5 \cdot d$ bis $3 \cdot d$

_____
_____

Lochbstand: $e = 3 \cdot d$ bis $6 \cdot d$

_____
_____

Ermitteln Sie aus Tabellen den kleinstmöglichen Biegeradius für das Blech 8.

_____

Ermitteln Sie die gestreckte Länge der Lasche.

_____
_____

Hinweis: *Es ergeben sich drei gerade Stücke und zwei Bogenstücke, deren Winkel zusammen 90° ergeben.*

Ermitteln Sie das Wurzelmaß für IPE 240. _____

Name		Klasse	Datum	Blatt

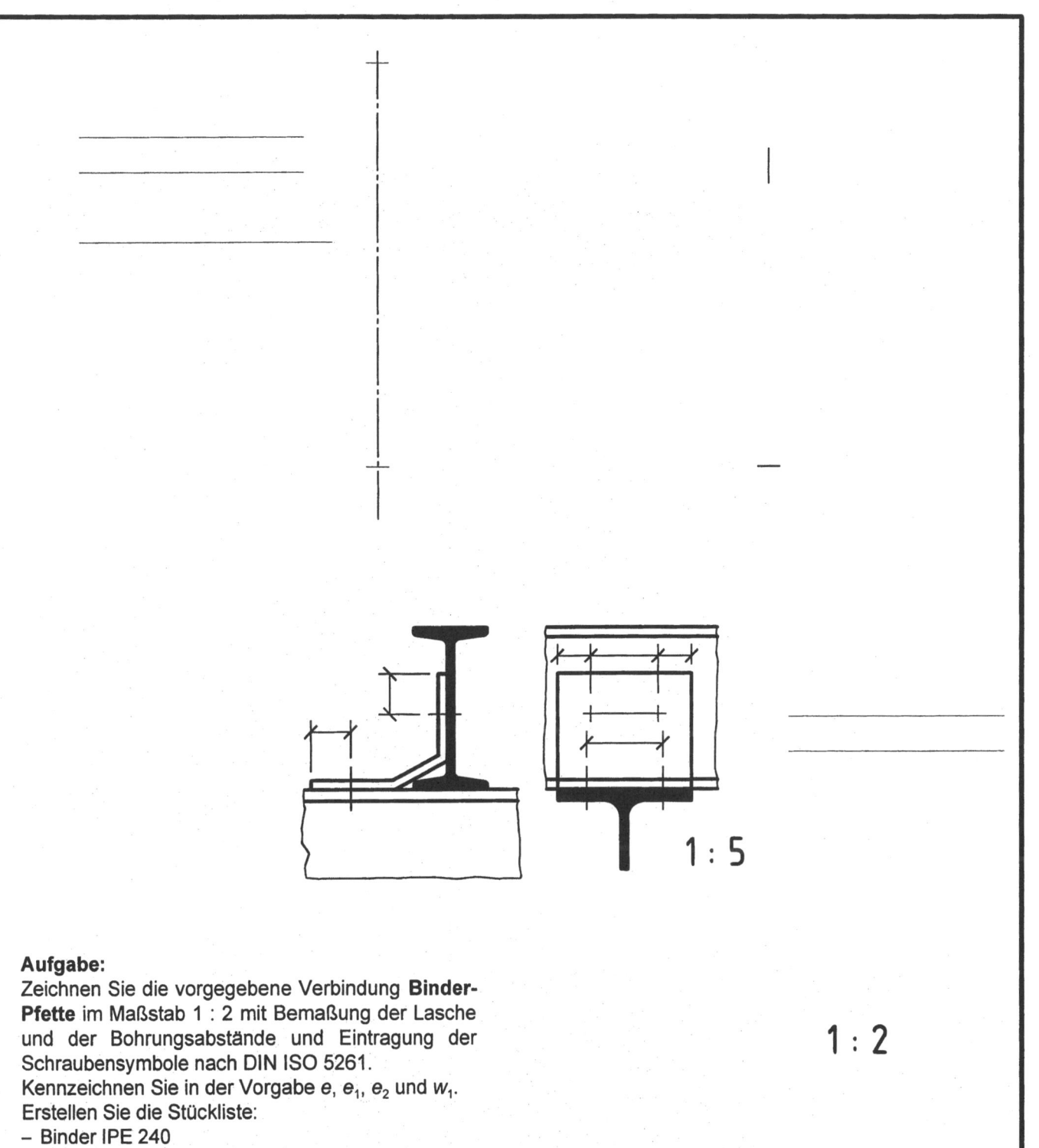

Aufgabe:
Zeichnen Sie die vorgegebene Verbindung **Binder-Pfette** im Maßstab 1 : 2 mit Bemaßung der Lasche und der Bohrungsabstände und Eintragung der Schraubensymbole nach DIN ISO 5261.
Kennzeichnen Sie in der Vorgabe e, e_1, e_2 und w_1.
Erstellen Sie die Stückliste:
– Binder IPE 240
– Pfette I 140
– Lasche Bl 8
Ergänzende Aufgaben auf Seite 52.

Pos	Menge	Einh.	Benennung	Sachnummer/Norm-Kurzbezeichnung	Bemerkung
1	2	3	4	5	6

11 8 53 00

Trägeranschluss - Aufgaben

Aufgaben:
Die Abb. zeigt einen Trägeranschluss IPB 180 - IPE 160.

Welche Baustähle sind für diese Verbindung Trägeranschluss geeignet?

_____

Begründen Sie Ihre Wahl.

_____

Wie erfolgt die Verbindung Stirnplatte-Träger?

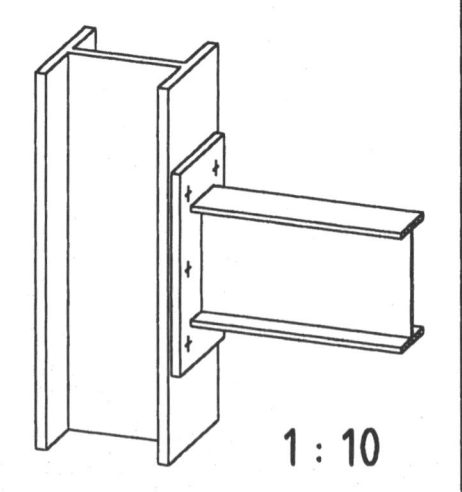

_____
_____

Welche Vorteile hat die Schraubenverbindung Stütze-Träger mit der überstehenden Stirnplatte?

_____
_____
_____
_____

In welchem Bereich soll bei der Schraubenverbindung mit rohen Schrauben nach DIN 7990 der Gewindeauslauf liegen?

_____

1 : 10

Berechnungen:

Schraubenlänge $l = t_1 + t_2 + s + m + Ü$

_____

Endabstand $e_1 = 2 \cdot d$ bis $3 \cdot d$

_____

Randabstand $e_2 = 1{,}5 \cdot d$ bis $3 \cdot d$

_____

Lochabstand $e = 3 \cdot d$ bis $6 \cdot d$

_____

Größtmöglicher Lochabstand $e_{max} = 6 \cdot d$

_____

Länge der Stirnplatte $l = e_1 + 2e_{max} + e_1$

_____

Breite der Stirnplatte $b = e_2 + w_1 + e_2$

_____

Aufgabe:
Zeichnen Sie auf gesonderten Blättern den Trägeranschluss nach der Vorgabe mit angeschweißter Stirnplatte im Maßstab 1 : 2.

- Tragen Sie Positionsnummern und Symbole für Schweißnähte ein.
- Die Schrauben können vereinfacht oder als Symbole eingezeichnet werden.
- Zeichnen Sie die Stirnplatte für den Trägeranschluss.
- Ermitteln Sie die Positionen der Schraubenlöcher nach nebenstehenden Formeln und DIN 997.

– Stütze IPE 180
– Träger IPE 160
– Stirnplatte Fl 12
– Rohe Schrauben M16

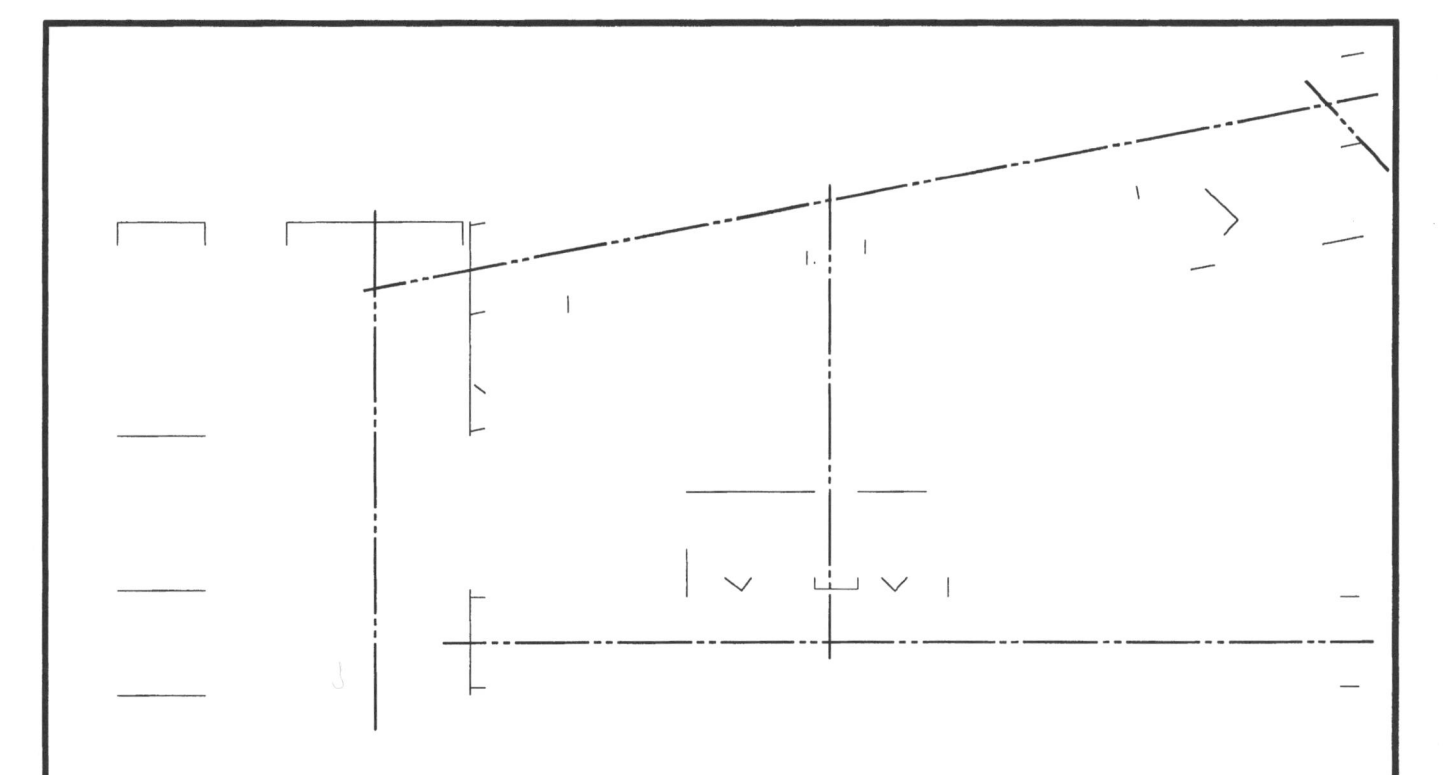

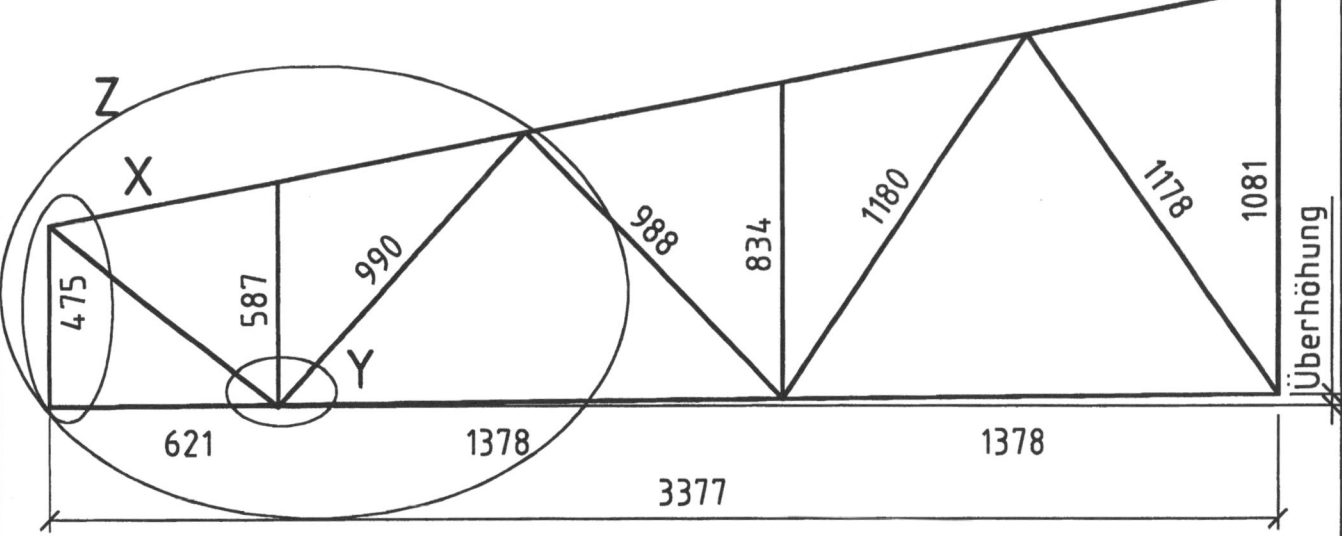

Aufgabe:
Zeichnen Sie nach der vorgegebenen schematischen Darstellung des **Fachwerkbinders** die Einzelheit **Z** mit Formstählen und Knotenblechen, Schwerpunktlinien und Mittelachsen der Bohrungen für Schrauben DIN 6914-M12 im Maßstab 1 : 10.
- Pfosten (500) DIN 1025-IPE 240
- Ober- und Untergurt DIN 1025-IPB 120
- Winkel-Diagonale EN 10056-L60x6
- Knotenbleche EN 10029-8A
- Stirnplatten EN 10029-10A

Werkstoff für alle Teile: Stahl EN 10029 S275JR

Tragen Sie Formstahl-, Blechbezeichnungen und Maße in die Zeichnung ein.
Zeichnen Sie die Einzelheit **Y** im Maßstab 1 : 2 nach DIN ISO 5261 entsprechend dem Beispiel Seite 50.

Ergänzen Sie die **Schweißverbindungen** auf Seite 57 zur Einzelheit **X**.

				Zul. Abw.	Oberflächen	Maßstab 1 : 10		Gewicht	
						Werkstoff			
				Datum	Name	Benennung			
				Bearb.		**Fachwerkbinder**			
				Gepr.					
						11 10 55 00		Klasse	Blatt-Nr.
Passmaß	Abmaße	Passmaß	Abmaße						

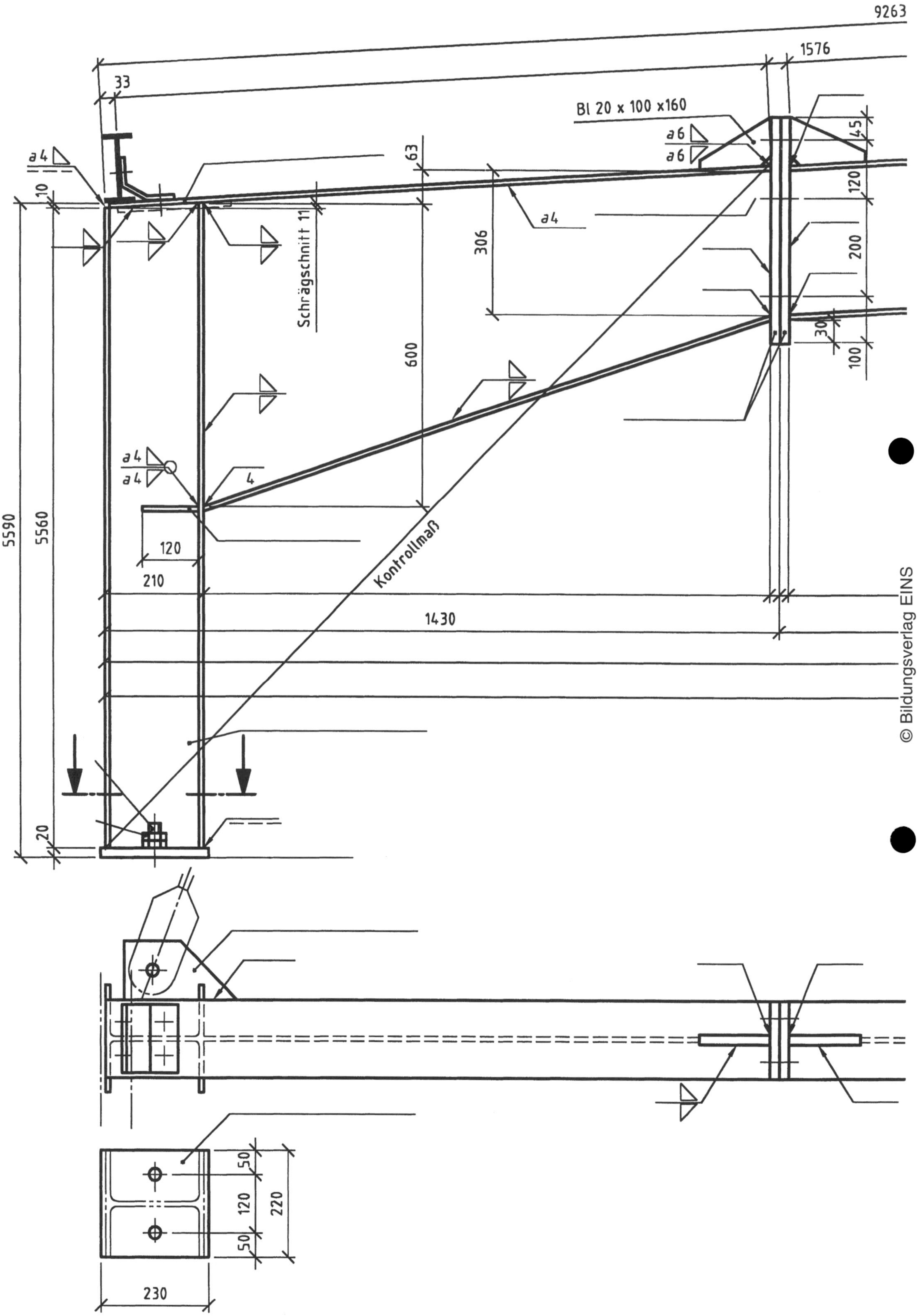
9263
1576
33
Bl 20 x 100 x160
a 6
a 6
45
a 4
10
63
120
a4
306
Schrägschnitt 11
200
600
30
100
a 4
a 4
4
5590
5560
120
210
Kontrollmaß
1430
20
50
120
220
50
230

			Zul. Abw.	Oberflächen	Maßstab 1:10		Gewicht	
					Werkstoff			
			Datum	Name	Benennung			
			Bearb.		**Binder: Achse 2**			
			Gepr.					
			Schule		11 11 57 00		Klasse	Blatt-Nr.
Passmaß	Abmaße	Passmaß	Abmaße					

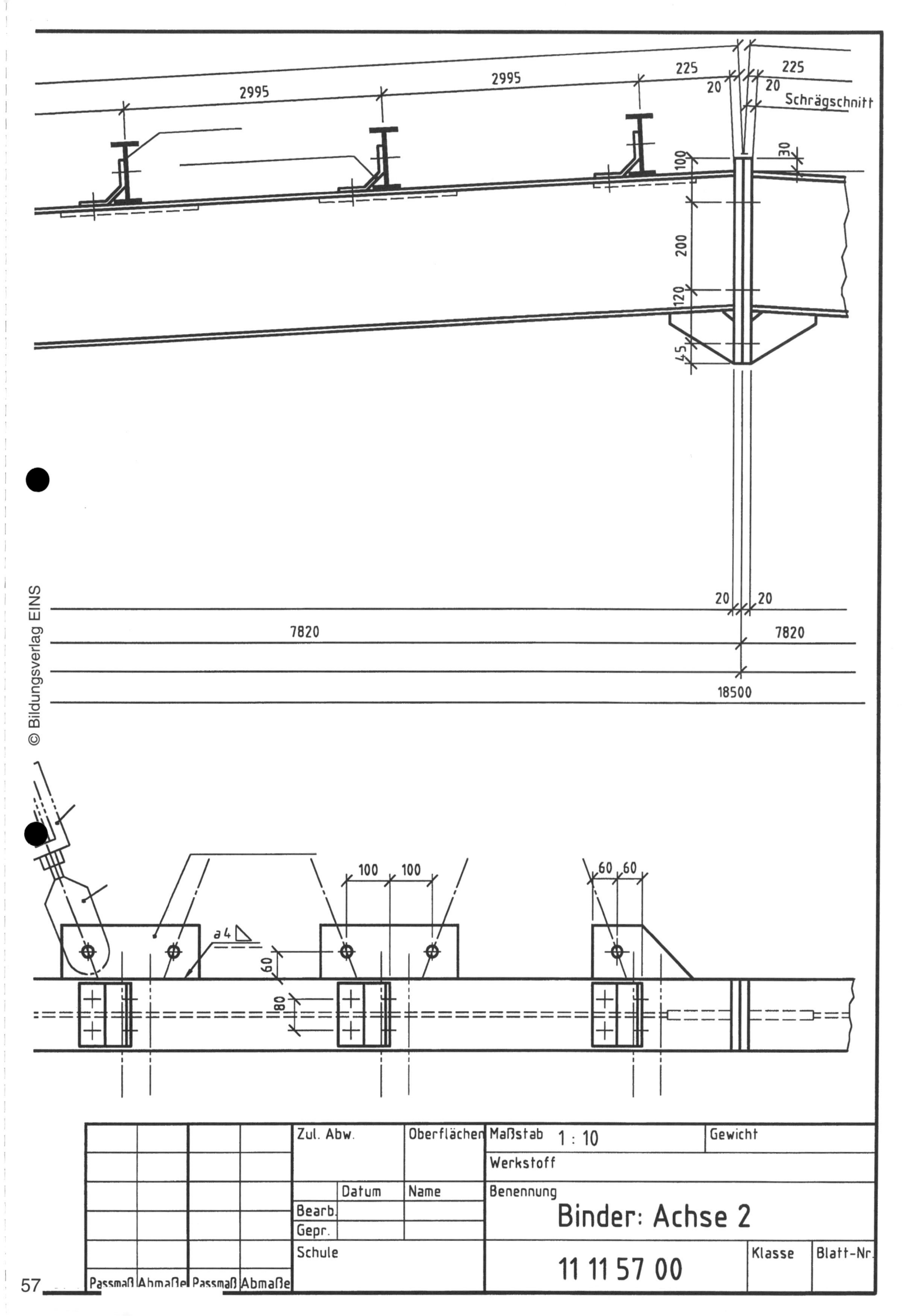

Pos	Menge	Einh.	Benennung	Sachnummer/ Norm-Kurzbezeichnung	Bemerkung
1	2	Stck	Fußplatte	Bl EN 10029 - 20x230x220	S235JRG2
2	2	Stck	Schubknagge	I DIN 1025-1 - I 120x300	S275J0
3	12	Stck	Sechskantmutter	ISO 4034 - M30	
4	4	Stck	Scheibe	DIN 7989 - A32	
5	4	Stck	Ankerschraube	DIN 529 - BM30x800	
6	2	Stck	Rahmenstütze	I DIN 1025-2 - IPB 220x5560	S355J2G3
7	4	Stck	Drucksteife	Bl EN 10029 - 8x105x120	S235JRG2
8	4	Stck	Untergurt/Rahmenecke	Fl EN 10058 - 160x12x1248	S235JRG2
9	2	Stck	Steg der Rahmenecke	Bl EN 10029 - 12x663x1200	S235JRG2
10	2	Stck	Obergurt d. Rahmenecke	Fl EN 10058 - 160x12x1400	S235JRG2
11	12	Stck	Zugsteife	Bl EN 10029 - 20x100x160	S235JRG2
12	18	Stck	HV-Sechskantschraube	DIN 6914-M20x75-Mu-Scheibe	
13	6	Stck	HV-Stirnplatte	Bl EN 10029 - 20x160x465	S235JRG2
14	8	Stck	Pfette	I DIN 1025-1 - I 140x3200	S275J0
15	8	Stck	Pfettenhalter	Bl EN 10029 - 8x150x204	S235JRG2
16	32	Stck	Sechskantschraube	DIN 7990 - M16x40-Mu-Scheibe	
17	2	Stck	Dachriegel	I DIN 1025-5 - IPE 330x7789	S235JRG2
18	4	Stck	Knotenbl. für Dachverband	Bl EN 10029 - 10x120x320	S235JRG2
19	4	Stck	Knotenbl. für Dachverband	Bl EN 10029 - 10x120x240	S235JRG2
20			Zuglasche		
21			Spannschloss	DIN 1480-M24 mit Kontermutter	
22			Sechskantschraube	DIN 7990 - M20x50-Mu-Scheibe	
23			Zugstange		

Aufgaben:
Warum sind für Pos. 12 HV-Schrauben vorgeschrieben?

Geben Sie für Pos. 12 Festigkeitsklassen und Anziehmoment M_A nach DIN 18800-7 an.

Frage:
Weshalb ist für die Schubknaggen Pos. 2 und für die Pfetten Pos. 14 der Stahl S275J0,
für die Rahmenstützen Pos. 6 S355J2G3 und
für die weiteren Bleche und I-Profile S235JRG2 vorgesehen?

Weitere Aufgaben auf Seite 60.

Benennung: **Binder**
11 11 57 00

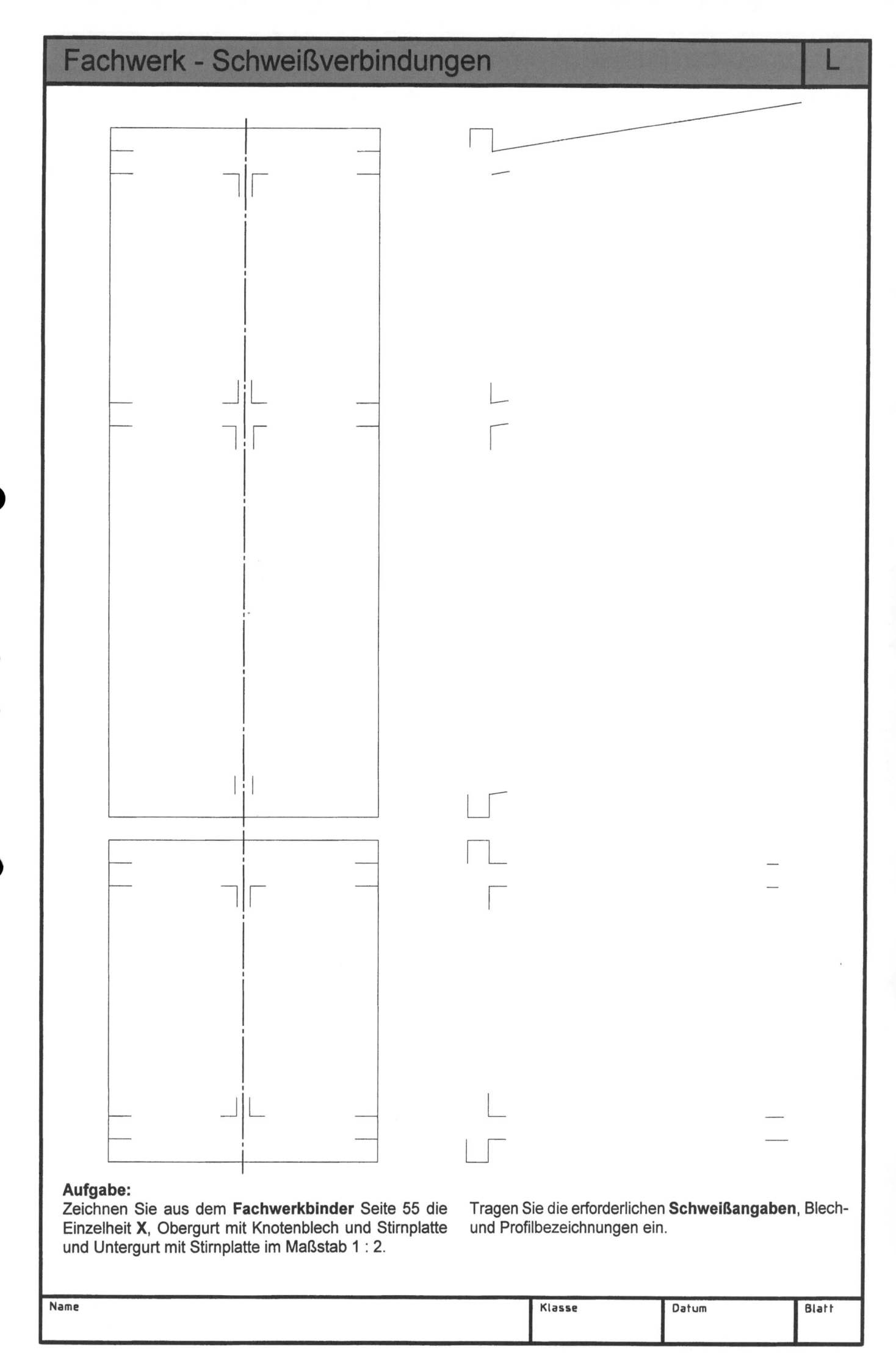

Fachwerk - Schweißverbindungen | L

Aufgabe:
Zeichnen Sie aus dem **Fachwerkbinder** Seite 55 die Einzelheit **X**, Obergurt mit Knotenblech und Stirnplatte und Untergurt mit Stirnplatte im Maßstab 1 : 2.

Tragen Sie die erforderlichen **Schweißangaben**, Blech- und Profilbezeichnungen ein.

Name		Klasse	Datum	Blatt

Binder - Verankerung L

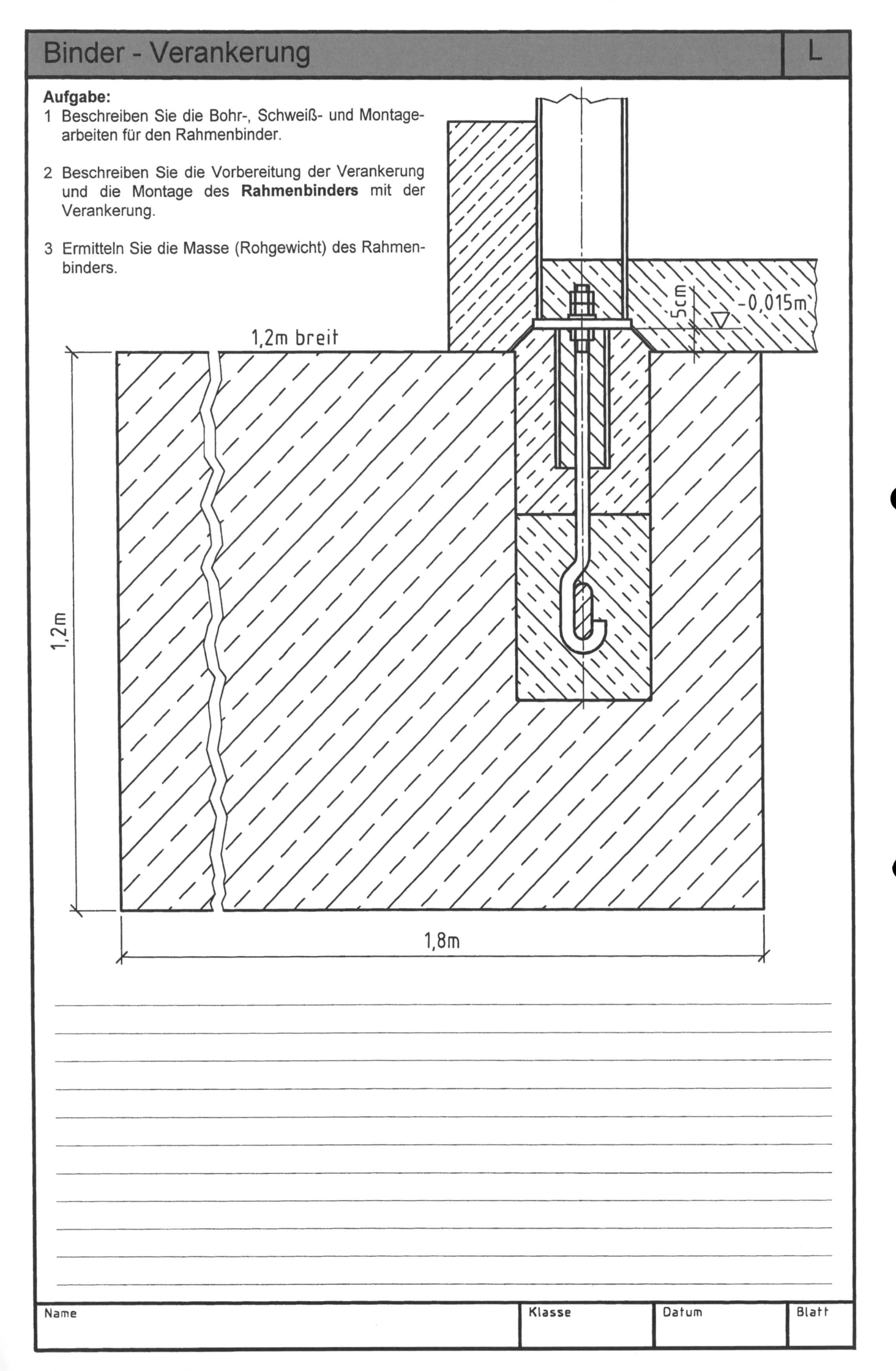

Aufgabe:

1. Beschreiben Sie die Bohr-, Schweiß- und Montagearbeiten für den Rahmenbinder.

2. Beschreiben Sie die Vorbereitung der Verankerung und die Montage des **Rahmenbinders** mit der Verankerung.

3. Ermitteln Sie die Masse (Rohgewicht) des Rahmenbinders.

1,2m breit

−0,015m

5cm

1,2m

1,8m

Name		Klasse	Datum	Blatt

Binder - Aufgaben [L]

Der **Binderrahmen** ist tragendes Teil einer **Hallenkonstruktion** aus dem Stahlbau. Bei Hallenkonstruktionen dieser Art werden im Abstand von ca 5 m Binder gesetzt, wobei der erste und der letzte Binder in leichterer Bauweise ausgeführt wird, weil an diesen mehrere Stützen angebracht sind, um die Wandverkleidung zu befestigen.

Aufgabe:
1. Tragen Sie in die Zeichnung auf S. 56 u. 57 **Positionsnummern, Profile** und **Werkstückgrößen** ein.
2. Ergänzen Sie die fehlenden Maße.
   Giebelhöhe + 6,054 m, Stützenfuß 0,015 m zur Oberkante Fußboden.
   Ermitteln Sie das Kontrollmaß der Kante und den Schrägschnitt des Dachriegels.
3. Kennzeichnen Sie alle **Schweißverbindungen** mit den erforderlichen Angaben nach DIN EN 22553, Kehlnähte a = 4, an den zugbelasteten Stellen a = 6, verschweißt mit MAG-M (135) Schutzgas Corgon 18, Zusatzwerkstoff DIN EN 440 - G 46 3 MG3Si 1.

4. Welche Gesamtfunktion hat der Binder?

_____
_____

5. Welche Einzelfunktionen haben:
– Pos. 1 bis 5

_____
_____
_____
_____
_____

– Pos. 6

_____
_____
_____

– Pos. 7

_____
_____
_____

– Pos. 8 bis 10

_____
_____
_____

– Pos. 11 bis 13

_____
_____
_____
_____

– Pos. 14 und 15

_____
_____

– Pos. 17

_____
_____
_____

– Pos. 18 bis 21

_____

Stütze

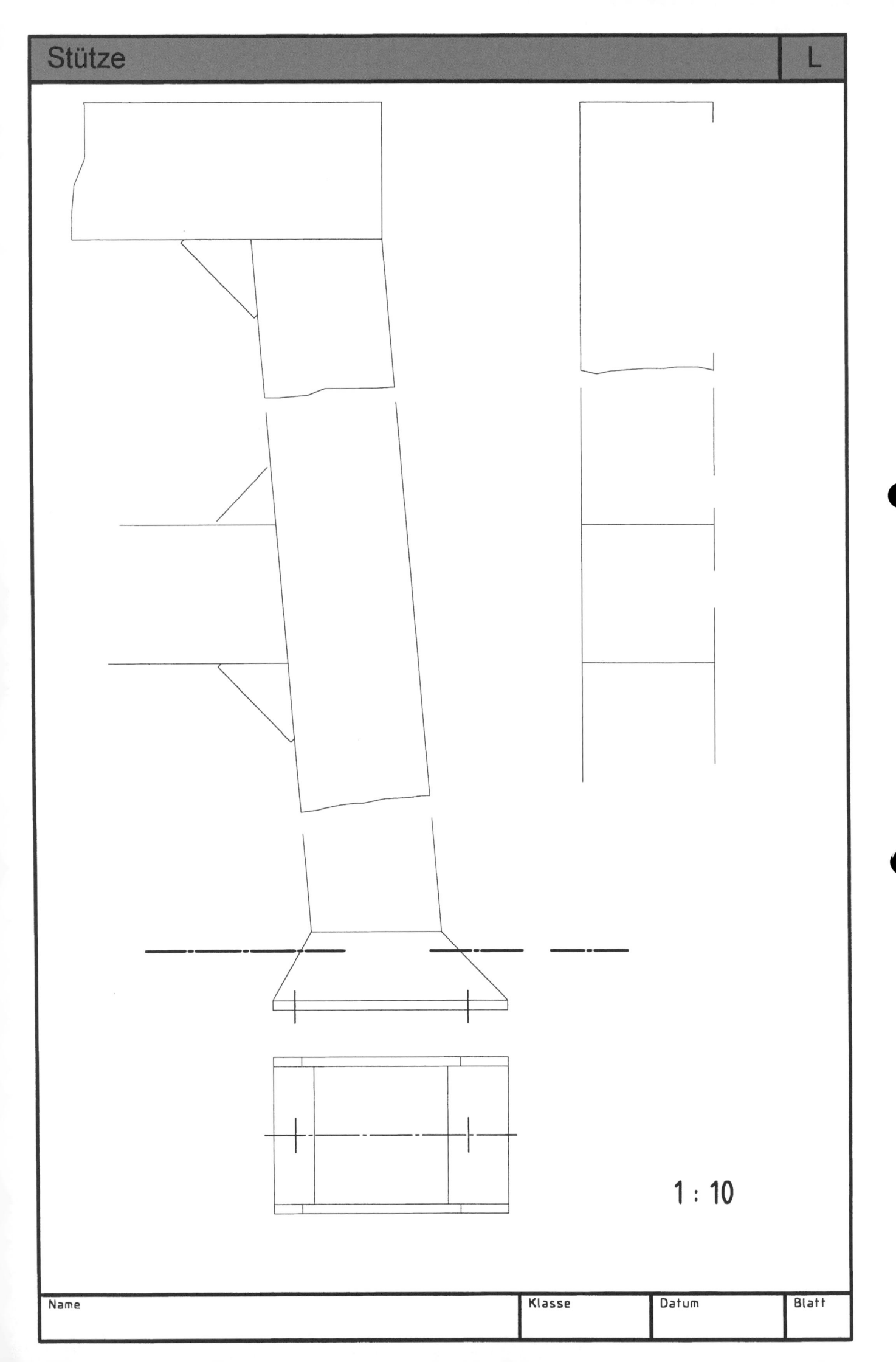

L

1 : 10

Name		Klasse	Datum	Blatt

Aufgabe:
Die Abb. zeigt eine **Stütze** für einen Fußgängerübergang über Gleisanlagen. Sie soll aus IPE-Trägern nach DIN 1025 gefertigt werden.
- Tragen Sie in die Abb. Positionsnummern ein und ergänzen Sie die Stückliste.
- Geben Sie die Neigung der Achsen mit Hilfe eines rechtwinkligen Dreiecks ("System des Dreiecks") an.
- Geben Sie die Massen (Rohgewichte) in Spalte 6 der Stückliste an, um die Planung der Hebezeuge und Transportmittel vorzubereiten.

Für diese vereinfachten Berechnungen können die Längen der Schwerpunktlinien aus der schematischen Darstellung verwendet werden.

- Zeichnen Sie auf Seite 62 je eine Eckverbindung und einen Stützenfuß mit Aussteifungen aus Blech-EN 10029 im Maßstab 1 : 10, mit Bemaßung und allen nötigen Schweißangaben.
- Schweißverfahren: MAG-M
- Zusatzwerkstoff: EN 440-G422 MG3Si1
- Ermitteln Sie die Längen der Stützen und Träger unter Berücksichtigung der Schrägschnitte.

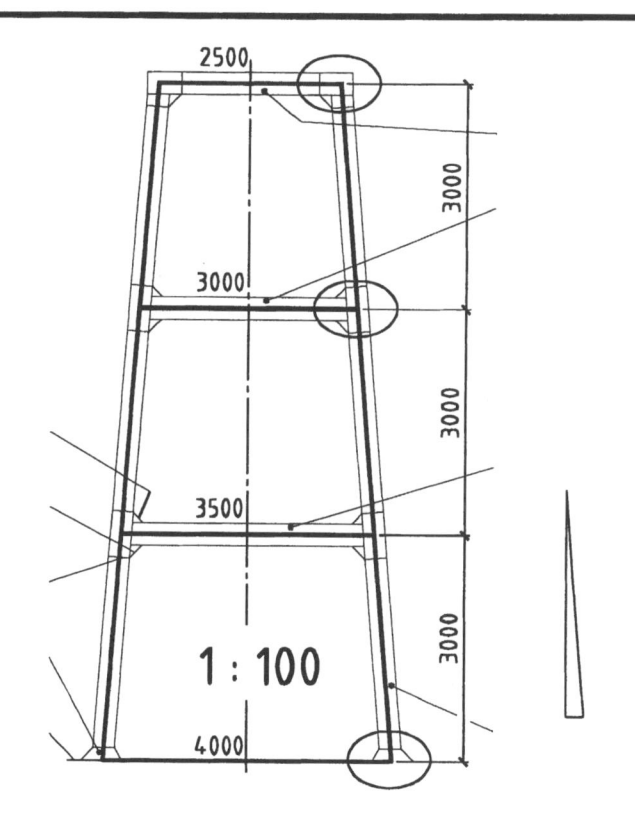

Berechnungen:

Pos	Menge	Einh.	Benennung	Sachnummer/Norm-Kurzbezeichnung	Bemerkung
1	2	3	4	5	6
9		Stck.	Aussteifung	Bl-EN 10029-11x	
8		Stck.	Aussteifung		
7		Stck.	Aussteifung		
6		Stck.	Knotenblech	Bl-EN 10029-20x	
5		Stck.	Stützenfuß		
4		Stck.	Strebe, oben	DIN1025-S235JR-IPB 300x	
3		Stck.	Strebe, mitte		
2		Stck.	Strebe, unten		
1		Stck.	Stütze		

Benennung: **Stütze**

11 11 63 00

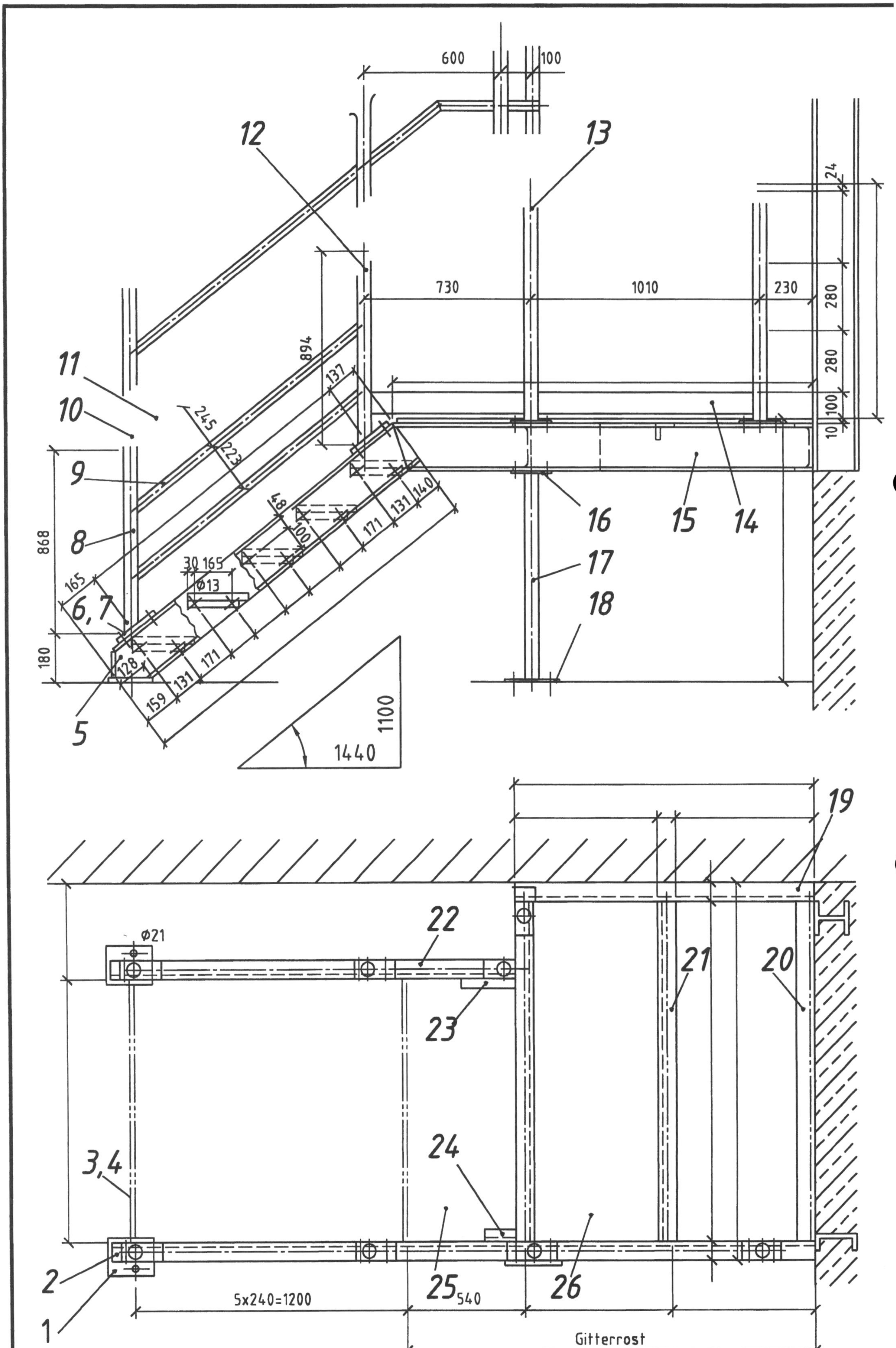
600
100
12
13
730
1010
230
24
280
280
100
10
894
137
245
223
11
10
9
8
868
165
6,7
180
5
48
100
30 165
Ø13
128
131
171
159
171
131
140
16
15
14
17
18
1100
1440
19
Ø21
22
23
21
20
24
3,4
2
1
25
540
26
5x240=1200
Gitterrost

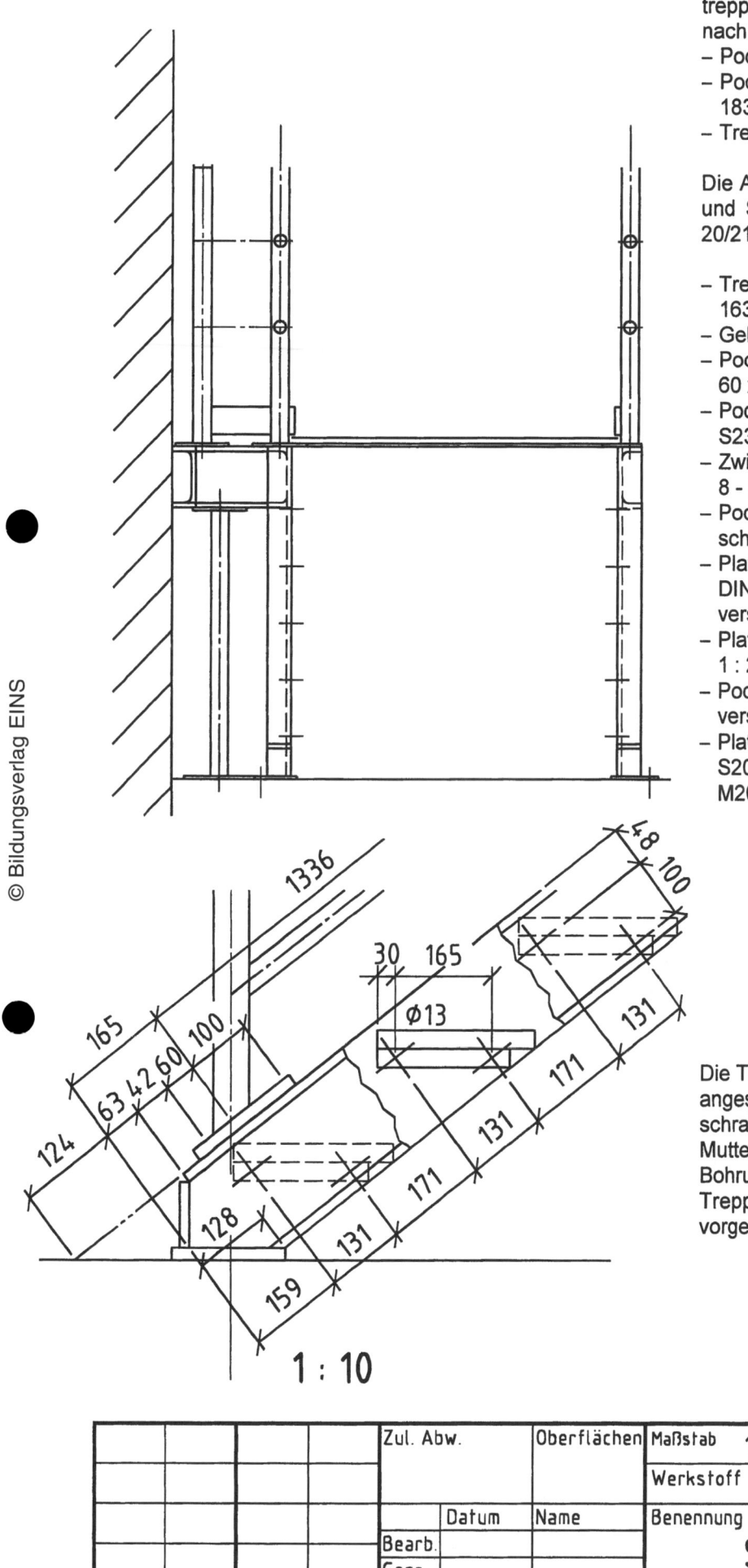

Aufgaben:
Ergänzen Sie die Zeichnung **Stahltreppe** (Rechtstreppe) mit Podest und Geländer im Maßstab 1 : 20 nach Vorgabe und folgenden Angaben:
– Podesthöhe einschließlich Gitterrost 1100,
– Podestbreite 1570 und 1240, -länge 1300 und 1830,
– Treppenlaufbreite 1100, Wandabstand 400.

Die Anzahl der Treppenstufen, **Steigung, Auftritt** und **Stufenbreite** sind zu ermitteln (siehe Seite 20/21).

– Treppenwangen aus U-Profil DIN 1026 - 180 x 1638 - S235JRG1,
– Geländerhöhe nach DIN 18065 mindestens 900,
– Podeststützen aus Vierkantrohr DIN EN 10210 - 60 x 4,
– Podestträger aus U-Profil DIN 1026 - U180 - S235JRG1,
– Zwischenträger aus L-Profil DIN EN 10056 - 80 x 8 - S235JRG1.
– Podeststützen und Geländer auf Platten verschweißt.
– Platten und U-Profile mit Sechskantschrauben DIN 7990 M16 x 50 mit Scheiben und Muttern verschraubt.
– Plattengröße nach vorgegebener Zeichnung 1 : 20.
– Podeststützenfuß und Fußplatte der Wange verschweißt.
– Platten im Boden mit Metall-Spreizdübeln S20/75N und Sechskantschrauben ISO 4014 - M20 x 70 verankert.

Die Treppenstufen aus verzinkten Gitterrosten mit angeschweißten Winkeln sind mit Sechskantschrauben ISO 4014 M12 x 35 mit Scheiben und Muttern mit den Treppenwangen zu verschrauben; Bohrungsabstände der Winkel 165. In den Treppenwangen sind die Bohrungen nach vorgegebener Skizze zu bemaßen.

				Zul. Abw.	Oberflächen	Maßstab 1 : 20 (1 : 10)		Gewicht	
						Werkstoff			
					Datum	Name	Benennung		
				Bearb.			**Stahltreppe**		
				Gepr.					
						11 13 65 00		Klasse	Blatt-Nr.
Passmaß	Abmaße	Passmaß	Abmaße						

1	2	3	4	5	6
Pos	Menge	Einh.	Benennung	Sachnummer/ Norm-Kurzbezeichnung	Bemerkung
1	2	Stck	Fußplatte	Fl EN 10058 -160x10x190	
2	2	Stck	Stirnplatte	Fl EN 10058 -70x10x95	
3		Stck	Trittstufe, Gitterrost		verzinkt
4		Stck	Sechskantschraube	ISO 4014-	
5		Stck	Treppenwange	U DIN 1026-	
6	4	Stck	Fußplatte	Fl EN 10058 -160x10x190	
7	16	Stck	Sechskantschraube	DIN 7990-M16x50	
8	2	Stck	Pfosten	Rohr DIN 2440-DN40x	
9	1	Stck	Knierohr	Rohr DIN 2440-	
10	7	Stck	Rohrbogen	Rohrbogen 90 DIN 2440-DN40	
11	1	Stck	Handlauf	Rohr DIN 2440-	
12	2	Stck	Pfosten	Rohr DIN 2440-	
13	4	Stck	Pfosten	Rohr DIN 2440-	
14	1	Stck	Fußleiste	Fl EN 10058 -	
15	1	Stck	Podestwange	U DIN 1026-180x1830	
16	2	Stck	Kopfplatte	Fl EN 10058 -70x10x170	
17	2	Stck	Stütze	4kt-Rohr EN 10219-60x40x870	
18	2	Stck	Fußplatte	Fl EN 10058 -100x10x230	
19	1	Stck	U-Träger	U DIN 1026-	
20	2	Stck	U-Träger	U DIN 1026-	
21	1	Stck	L-Träger	L EN 10056-	
22	1	Stck	Podestwange	U DIN 1026-	
23	1	Stck	Tragwinkel	L EN 10056-50x5x250	
24	1	Stck	Tragwinkel	L EN 10056-50x5x150	
25	1	Stck	Gitterrost	1200x30x540	verzinkt
26	2	Stck	Gitterrost	1570x30x618	verzinkt

Aufgaben:
- Ergänzen Sie die Stückliste, wählen Sie geeignete Werkstoffe aus.
- Ermitteln Sie die gesamte Materialmenge und tragen Sie diese in die vorgesehene Tabelle ein.
- Ermitteln Sie die Preise der Werkstoffe und berechnen Sie die Gesamtkosten + MWSt.
- Erfragen Sie im Betrieb die Kosten für das Verzinken.
- Der Betrieb erhält den Auftrag, eine baugleiche Treppe aus nichtrostendem Stahl zu fertigen. Erstellen Sie hierzu auf einem gesonderten Blatt einen Preisvergleich.
- Zeichnen Sie auf einem gesonderten Blatt frei Hand ein **Treppengeländer** im Maßstab 1 : 10, aus geschmiedeten Teilen, für diese Treppe.

Bezeichnung	Länge m	Masse kg/m	Preis €/kg	Preis €/m	Stck/Ges. Preis €
Rohr DN40					
Rohr DN20					
U180					
L50x5					
L80x8					
4kt-Rohr					
Fl100x10					
Trittstufe					
Gitterrost					
Kleinteile					
Gesamtpreis+MWSt					

Benennung: **Stahltreppe**

11 13 65 00

Drehpunktbestimmung

Regeln zur Drehpunktbestimmung:
- Mindestens 2 Ecken des Rahmenteils am Flügel nummerieren
- Ecken des geöffneten Rahmenteils (Flügel) entsprechend nummerieren
- Punkte mit gleichen Ziffern verbinden
- Mittelsenkrechte dieser Verbindungsstrecken ermitteln und nach beiden Seiten verlängern
- Der Schnittpunkt der verlängerten Mittelsenkrechten ist der Drehpunkt.
- Mit dem Zirkel prüfen, ob die Punkte mit gleichen Ziffern auf einem gemeinsamen Kreisbogen liegen.

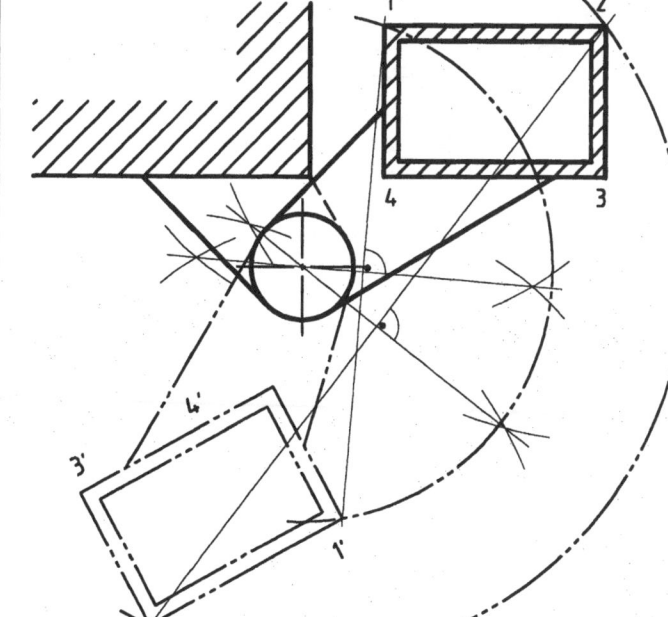

Abb. 1

Aufgabe:
Bestimmen Sie den Drehpunkt für eine Stahltürlagerung in Abb. 2.

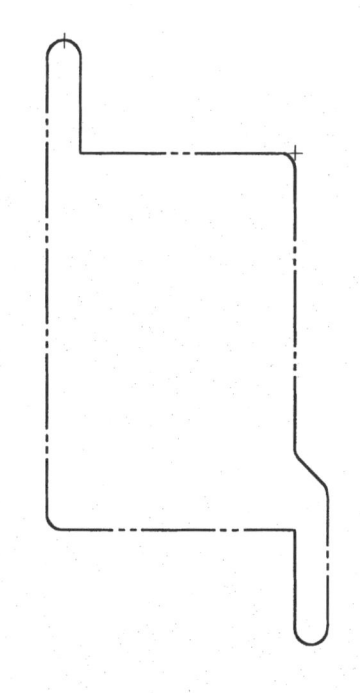

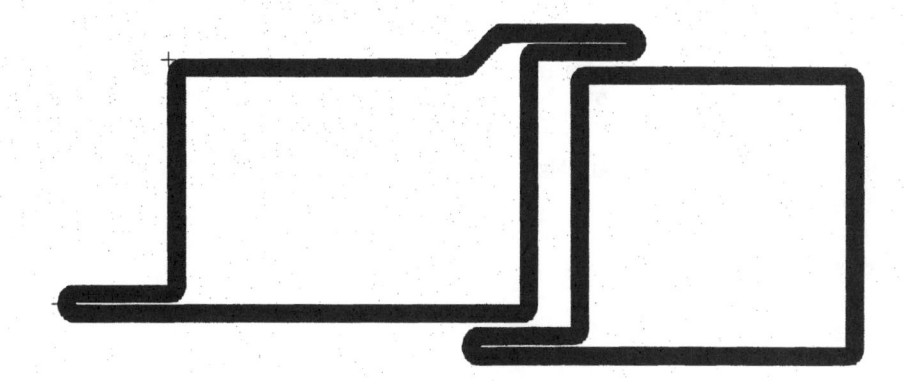

Abb. 2

| Name | | Klasse | Datum | Blatt |

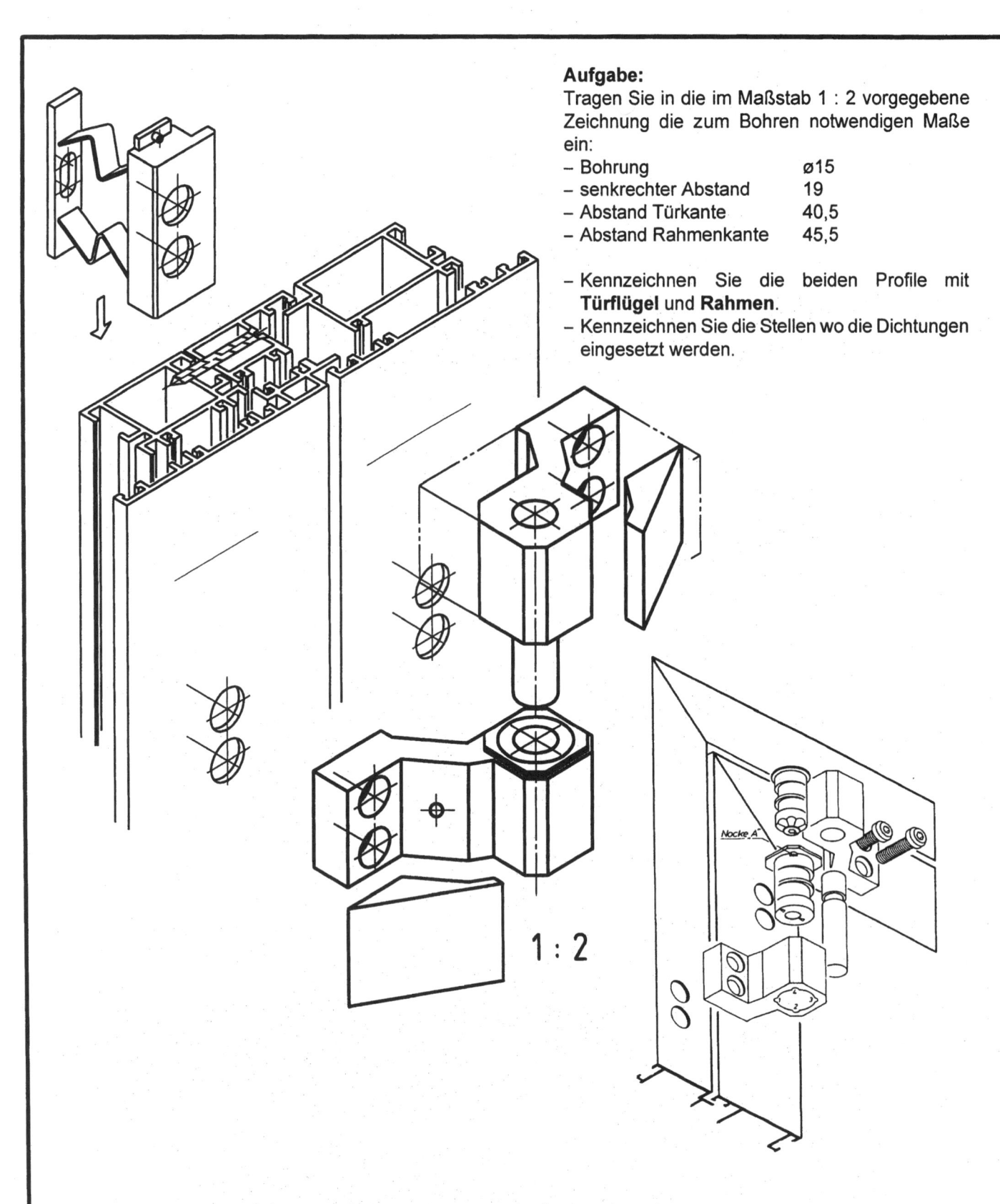

Aufgabe:
Tragen Sie in die im Maßstab 1 : 2 vorgegebene Zeichnung die zum Bohren notwendigen Maße ein:
– Bohrung ø15
– senkrechter Abstand 19
– Abstand Türkante 40,5
– Abstand Rahmenkante 45,5

– Kennzeichnen Sie die beiden Profile mit **Türflügel** und **Rahmen**.
– Kennzeichnen Sie die Stellen wo die Dichtungen eingesetzt werden.

1 : 2

Fragen:
Vorgegeben ist eine Ecke einer Türe mit Rahmenteil und Scharnier aus Aluminium-Profil im Maßstab 1 : 2.

Die Anordnung des Türbandes (Scharnier) ist auf Seite 69 im Maßstab 1 : 1 gezeichnet.

1. Welche Aufgabe hat das Federelement?

2. Handelt es sich um eine Linkstüre oder um eine Rechtstüre?

3. Wie läßt sich die Türe mit den Bändern justieren?

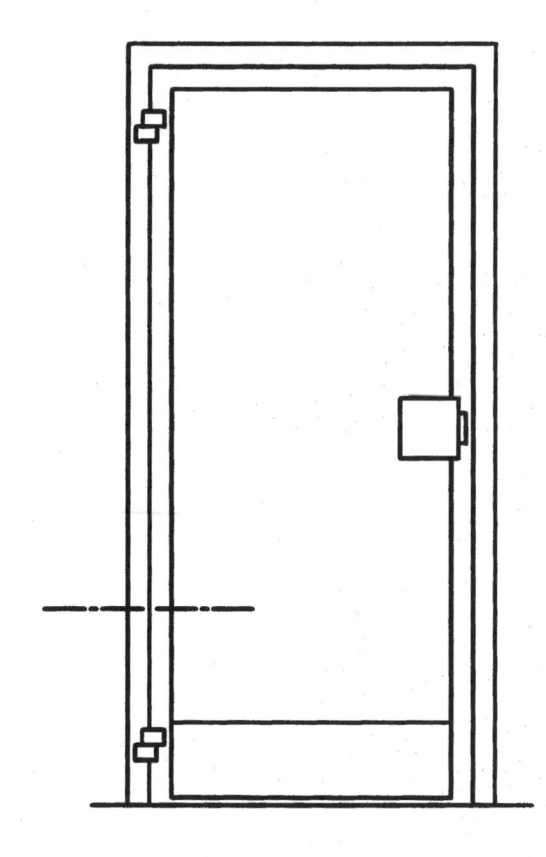

Aufgaben:
- Kennzeichnen Sie den Schnittverlauf und die Schnittdarstellung.
- Zeichnen Sie in Abb. 1 Tragklötze (*Tr*) und Distanzstücke (*Di*) ein (siehe dazu S. 19).
- Zeichnen Sie die Isoliertrennstücke und die Türdichtungen ein.
- Tragen Sie die Montagemaße für die Position der Bohrungen ein.
- Tragen Sie das Maß für den Türspalt ein.

Fragen:
Aus wie vielen Einzelprofilen besteht das ganze Profil?

Welche Aufgaben haben die Isoliertrennstücke?

Aus welchen Werkstoffen bestehen die Isoliertrennstücke?

Wie groß muss die Maueröffnung für diese Türe sein?

Abb. 1   1 : 2

Abb. 2

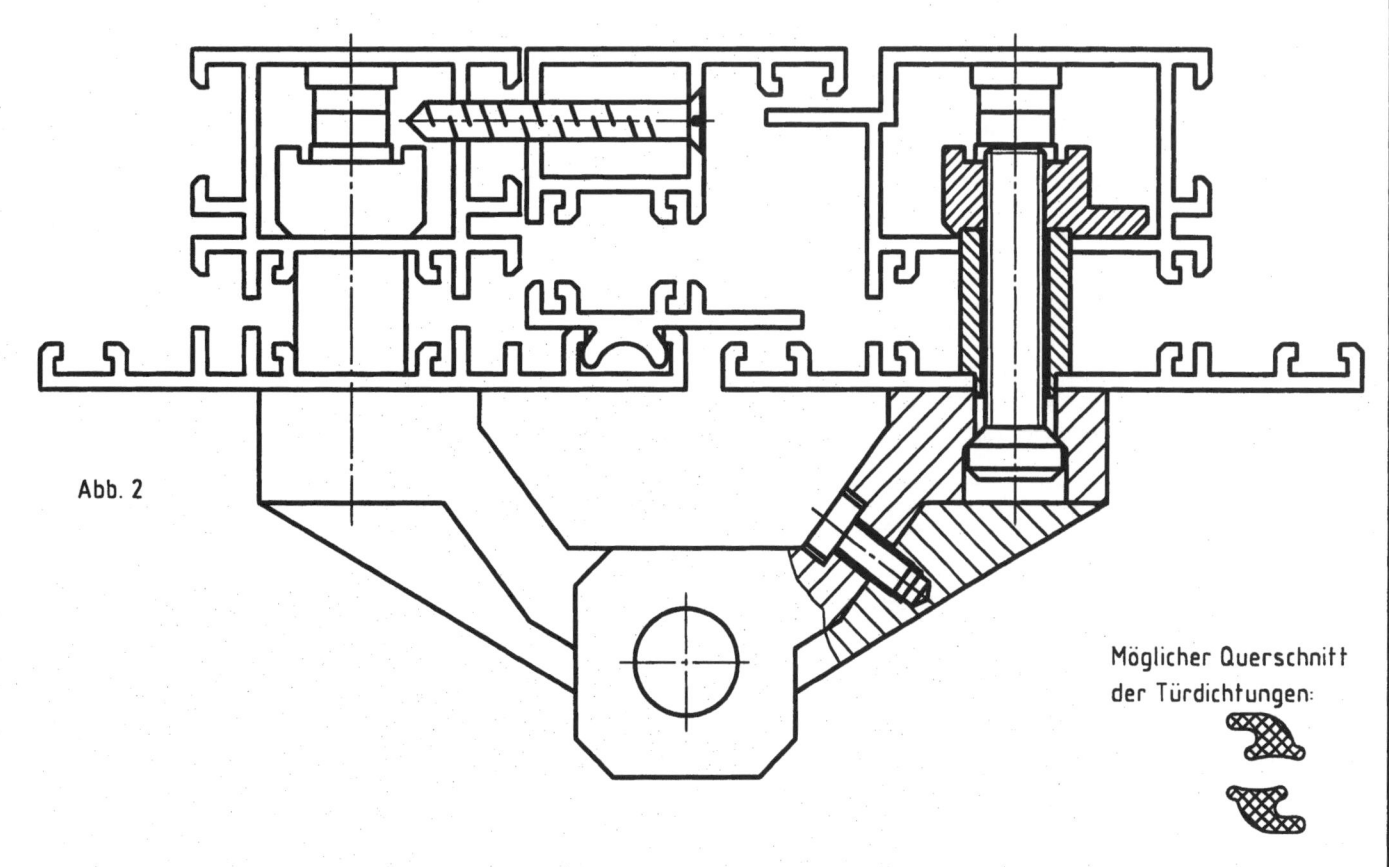

Möglicher Querschnitt der Türdichtungen:

				Zul. Abw.		Oberflächen	Maßstab		Gewicht	
							Werkstoff			
					Datum	Name	Benennung			
				Bearb.	05-01-20	Brandner				
				Gepr.						
							12 2 69 00		Klasse	Blatt-Nr.
Passmaß	Abmaße	Passmaß	Abmaße							

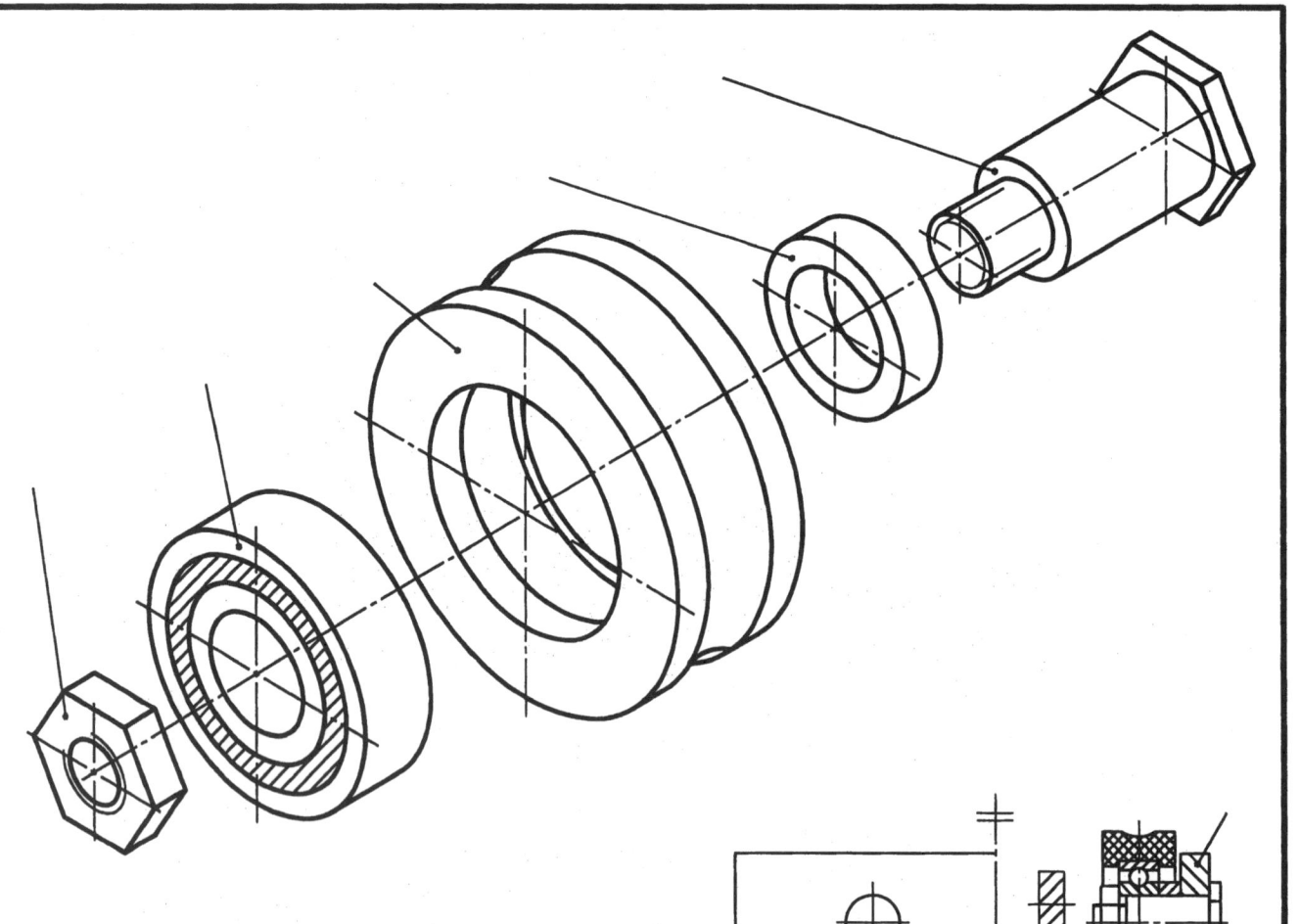

Aufgabe:
Das **Laufwerk** dient zur Aufhängung von Schiebetüren.
- Ergänzen Sie die Stückliste.
- Wählen Sie einen geeigneten Kunststoff für die Laufrolle. Es sollte aufgespritzt werden.
- Übertragen Sie aus der Stückliste die Positionsnummern in den Anordnungsplan (Explosionszeichnung) und in die Zeichnung.

Hinweis:
Ein Aufspritzen von Laufrollen ist aus Kostengründen nur bei großen Stückzahlen möglich. Müssen einzelne Laufrollen durch Drehen hergestellt werden, so ist die Bordkante an der Tragwinkelseite mit ø34,3 zu fertigen. Das Kugellager kann somit in die erwärmte Laufrolle (max. 140 °C) eingedrückt werden.

1 : 2

Pos	Menge	Einh.	Benennung	Sachnummer/Norm-Kurzbezeichnung	Bemerkung
9	2	Stck	Sechskantmutter	ISO 4032	
8	2	Stck	Scheibe		
7	1	Stck	Sechskantschraube	ISO 4017	
6	1	Stck			
5	1	Stck	Ansatzschraube		
4	1	Stck	Distanzring		ab Stange
3	1	Stck	Laufrolle		
2	1	Stck			
1	1	Stck	Sechskantmutter	ISO 4035-M10-05	
1	2	3	4	5	6

12 8 70 00

Aufgabe:
Zeichnen Sie den im Maßstab 1 : 2 halbseitig vorgegebenen **Tragwinkel** im Maßstab 1 : 1 mit Bemaßung.
- Werkstoff: Winkelstahl, blankgezogen
- Zeichnungsnummer: **12 8 70 06**

Entnehmen Sie die Maße der Zeichnung von Seite 70.

				Zul. Abw.		Oberflächen	Maßstab		Gewicht	
							Werkstoff			
					Datum	Name	Benennung			
				Bearb.						
				Gepr.						
									Klasse	Blatt-Nr.
Passmaß	Abmaße	Passmaß	Abmaße							

Ecklift - Beschreibung

An einer Montagelinie werden Haushaltsgeräte auf einem Bandsystem mit Hilfe von kugelgelagerten Laufrollenleisten, die auf Al-Systemprofilen montiert sind, befördert. Nach einer bestimmten Bandlänge müssen die Geräte auf ein weiteres Band um 90° umgelenkt werden.

Dieser **Ecklift** dient zum Anheben mittels eines Druckluftzylinders und zum Umlenken, um ein selbsttätiges Weiterrollen der Geräte zu ermöglichen. Die Laufleisten haben ein Gefälle von 4%, damit entfällt ein zusätzlicher Antrieb. Die Kontrolle der ankommenden und abrollenden Geräte erfolgt über eine Lichtschranke.

Die Al-Profile werden mit Montagewinkel aus Al-Druckguss montiert. Mittels Führungsrollen, die in der Längsnut des Al-Profils am **Führungsrahmen** laufen, wird der **Hubwagen** nach oben und unten genau geführt.

Auf den folgenden Seiten sind Aufgaben zu bearbeiten, welche von der Funktionsbeschreibung über Material- und Kostenplanung bis zur Anfertigung von Zeichnungen und Skizzen reichen.

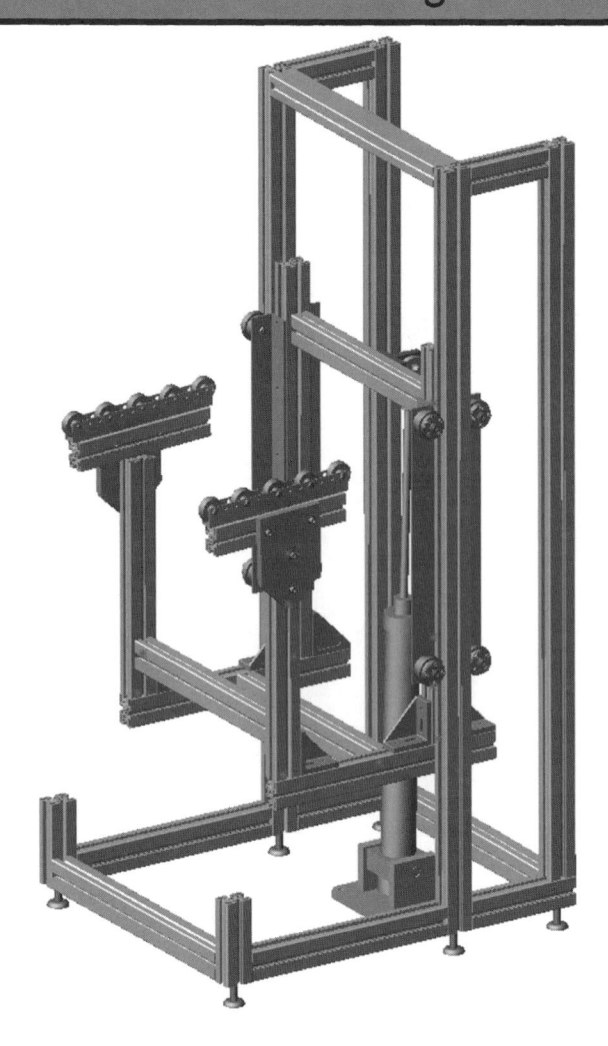

Abb. 1 Ecklift

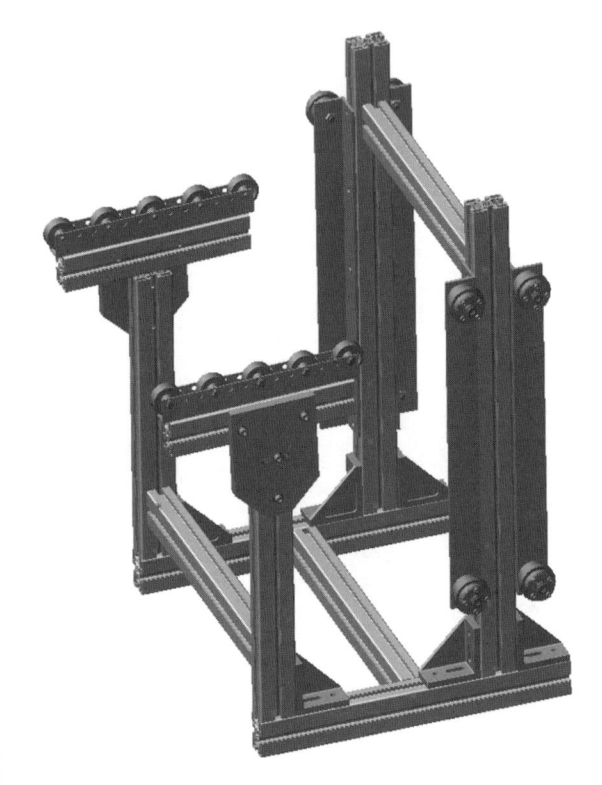

Abb. 2 Hubwagen

Abb. 3 Führungsrahmen

Ecklift - Materialbereitstellung mit Preisangaben   L

Pos.	Menge	Einh.	Benennung	Abmaße	Länge / Ges.-Länge	Gewicht	Preis-Einzel-Gesamt	
1.1	2	Stck.	Al-Profil	45x60x		3 kg/m	17,-€/m	€
1.2	2	Stck.	Al-Profil	45x60x				
1.3	2	Stck.	Al-Profil	45x60x				
1.4	2	Stck.	Al-Profil	45x60x				
1.5		Stck.	Al-Profil	45x60x				
1.6		Stck.	Al-Profil	45x60x				
1.7		Stck.	Al-Profil	45x60x				
1.8		Stck.	Al-Profil	45x60x				
1.9		Stck.	Al-Profil	45x60x				
1.10		Stck.	Al-Profil	45x60x				
1.11		Stck.	Al-Profil	45x60x				
1.12		Stck.	Al-Profil	45x60x				
1		Stck.	Al-Profil gesamt + 2%	45x60x				
2	24	Stck.	Montagewinkel	45x90			3,2 €	
3		Stck.	Schwenkplatte	Bl EN 10131-15x140x190			3,- €/kg	
4		Stck.	Laufrollenleisten	LRL-2000 U40x28x305			17,4 €/m	
5.1		Stck.	Laufrollen	LR3-8 - Stahl Ø48			1,7 €	
5.2		Stck.	Schraubachse	SA-M8			1,2 €	
6		Stck.	Montagewinkel	EN-Aw-AlMg5Si-L50x50x5x			9,- €/m	
7		Stck.	T-Winkel	EN-10025-S275J2G3-80x90x90			3,- €/kg	
8.1		Stck.	Führungsrolle	PA66-Ø60x(38) ab Stange			6,- €/kg	
8.2		Stck.	Buchse 5 und 17,5 lang	Rohr-EN-10305-16xID10,4-E235			3,- €/m	
8.3		Stck.	Abdeckscheibe	EN-10025-E235-Ø46xØ20x2			3,- €/kg	
8.4		Stck.	Rillenkugellager				2,-€	
9		Stck.	Gabelkopf					
10.1		Stck.	Pneumatik-Zylinder					
10.2		Stck.	Schwenkkopf unten					
11		Stck.	Gelenkplatte				3,- €/kg	
12		Stck.	Grundplatte				3,- €/kg	
13		Stck.	Fundamentwinkel	240			2,5 €	
14		Stck.	Fuß				4,-€	
15	2	Stck.	Anschlagblech (2 dick)	Bl-X5CrNi18-10-300x500			6.-€/kg	
16	2	Stck.	Anschlagblech (2 dick)	Bl-X5CrNi18-10-680x500			6.-€/kg	
17	4	Stck.	Sensoren				14,-€	

Schrauben, Muttern, Scheiben, Befestigungsteile

Aufgabe:
- Ergänzen Sie Stückzahlen, Maßangaben und Benennungen.
- Ermitteln Sie die Gesamtpreise.

Siehe Gesamtzeichnung auf den Seiten 74 und 75.

Name		Klasse	Datum	Blatt

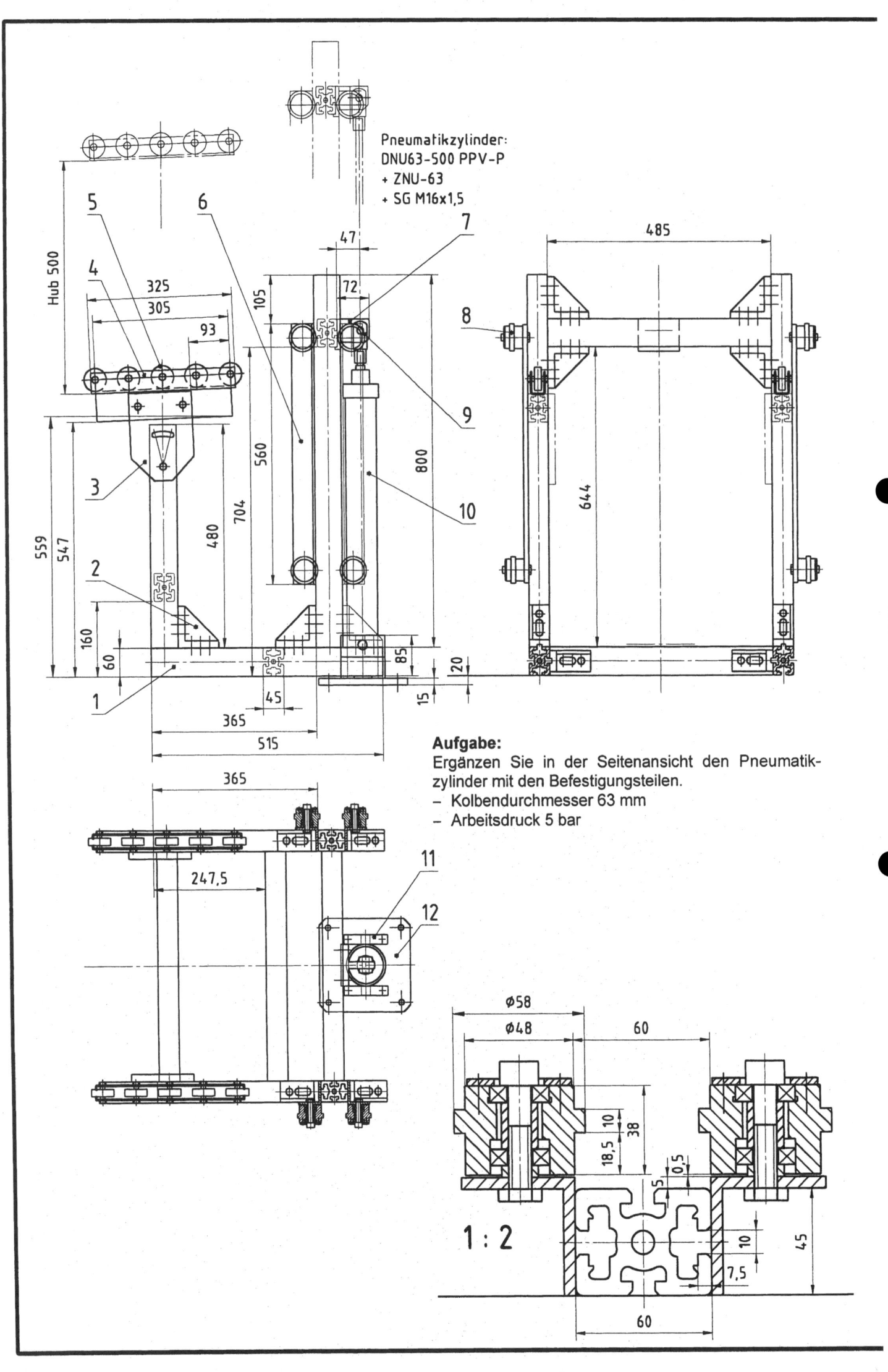

Pneumatikzylinder:
DNU63-500 PPV-P
+ ZNU-63
+ SG M16x1,5

Aufgabe:
Ergänzen Sie in der Seitenansicht den Pneumatikzylinder mit den Befestigungsteilen.
– Kolbendurchmesser 63 mm
– Arbeitsdruck 5 bar

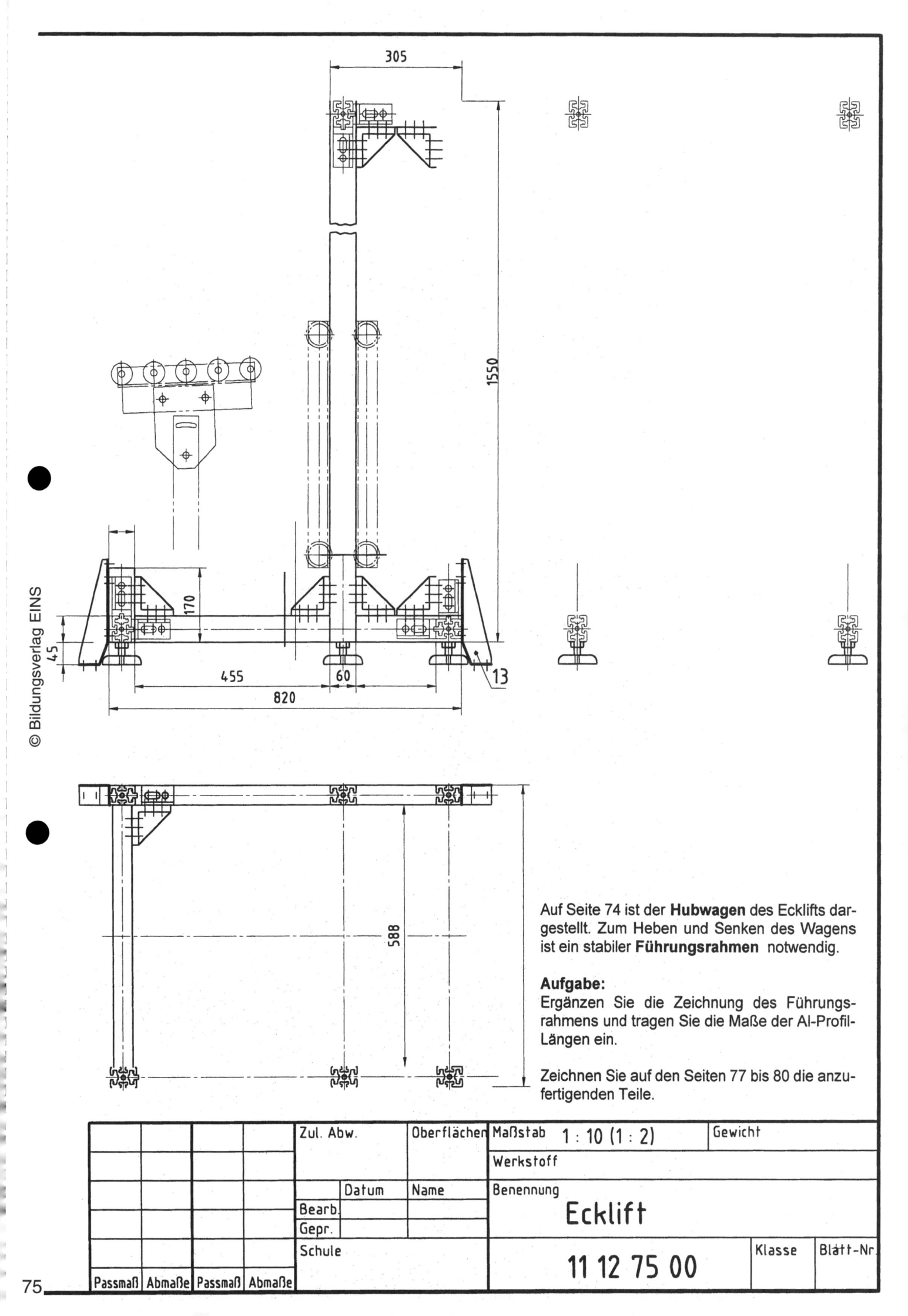

Auf Seite 74 ist der **Hubwagen** des Ecklifts dargestellt. Zum Heben und Senken des Wagens ist ein stabiler **Führungsrahmen** notwendig.

Aufgabe:
Ergänzen Sie die Zeichnung des Führungsrahmens und tragen Sie die Maße der Al-Profil-Längen ein.

Zeichnen Sie auf den Seiten 77 bis 80 die anzufertigenden Teile.

				Zul. Abw.	Oberflächen	Maßstab 1 : 10 (1 : 2)		Gewicht	
						Werkstoff			
				Datum	Name	Benennung			
				Bearb.		Ecklift			
				Gepr.					
				Schule		11 12 75 00		Klasse	Blatt-Nr.
Passmaß	Abmaße	Passmaß	Abmaße						

Benennung: **Ecklift**

11 12 75 00

Ecklift - Kostenermittlung   L

Das Foto zeigt den **Ecklift** von oben mit den Laufrollenleisten. Auf den langen Rollenbahnen (unten im Bild) kommen die Geräte an und werden vom Ecklift (mit zwei kurzen Rollenbahnen) angehoben und auf den im Winkel von 90° angeordneten Laufrollen (links im Bild) weiter transportiert. Ein Sensor (oben im Bild) meldet ankommende Geräte.

Führungsbleche sichern die korrekte Lage der Geräte.

Vorfertigung:	Fertigungszeit: min
Rohteile zuschneiden	
Profile sägen	
Schwenkplatte ausbrennen	
Bodenplatte ausbrennen	
PA-Führungsrollen drehen	
Abdeckscheiben drehen	
Buchsen abstechen	
Gelenkplatten fräsen, bohren	
T-Winkel fräsen, bohren	
Schwenkplatten fräsen, bohren	
Bodenplatte bohren, Gew. bohren	
Montagewinkel bohren	
Abdeckscheiben bohren	
PA-Führungsrollen bohren, Gew.	
Anschlagbleche anfertigen	
Montagearbeiten:	
Montagearbeiten vor Ort:	
Berechnung der Arbeitskosten:	
Stundensatz: 40,- € ≙	€/min
Rechnung:	

Materialkosten + Arbeitskosten +

Aufgaben:
- Die Al-Profile und die Laufrollenleisten müssen auf Länge geschnitten werden, die Pos. 3, 7, 8, 11 und 12 sind anzufertigen. Schätzen Sie die Fertigungszeiten und tragen Sie diese in die vorgegebene Tabelle ein.
- Zeit für Montagearbeiten: 480 min.
- Zeit zum Aufstellen vor Ort, montieren der Luftanschlüsse, Anbringen der Sensoren und der Funktionsprüfung: 240 min.
- Addieren Sie alle ermittelten Zeiten.
- Berechnen Sie die Fertigungskosten für einen Stundensatz von 40,- Euro.
- Ermitteln Sie die Gesamtkosten, zuzüglich MWSt.
- Berechnen Sie die Kraft des Peumatikzylinders bei einem Arbeitsdruck von 6 bar.

Aufgabe:
Der Ecklift wiegt 27 kg (Gewichtskraft 270N).
Wie schwer dürfen die zu befördernden Geräte sein?

Gegeben:

Gesucht:

Formel:

Rechnung:

Gegeben:

Gesucht:

Formel:

Rechnung:

Name	Klasse	Datum	Blatt

Die Schwenkplatte (3) erlaubt das Einstellen einer Neigung, welche die ankommenden Geräte ohne Krafteinwirkung auf das Bandsystem umleiten kann. Dazu ist sie am Al-Profil (1.2) drehbar befestigt. Ein kreisbogenförmiges Langloch erlaubt Schwenken um ± 15°.

Auf dem Al-Profil (1.3) ist die Laufrollenleiste (4) mit fünf Laufrollen (5.1) befestigt.

Aufgabe:
Zeichnen Sie die Schwenkplatte nach der Vorgabe im Maßstab 1 : 2 mit Bemaßung.

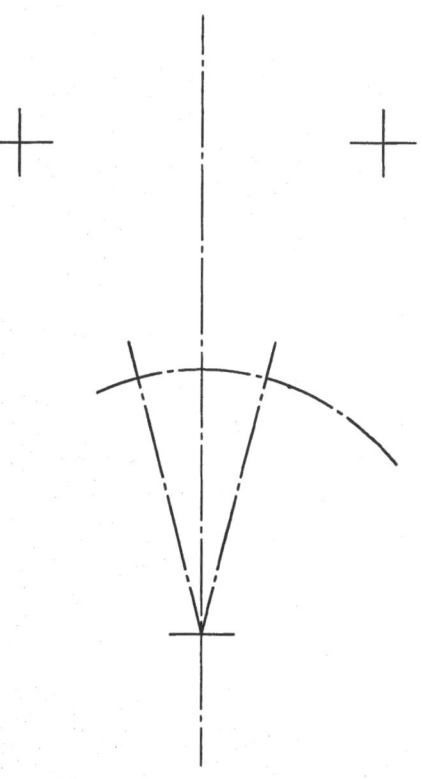

				Zul. Abw.	Oberflächen	Maßstab 1 : 2		Gewicht	
						Werkstoff Bl EN 10131			
				Datum	Name	Benennung			
				Bearb. 05-01-20	Brandner	**Schwenkplatte**			
				Gepr.					
						11 12 75 03		Klasse	Blatt-Nr.
Passmaß	Abmaße	Passmaß	Abmaße						

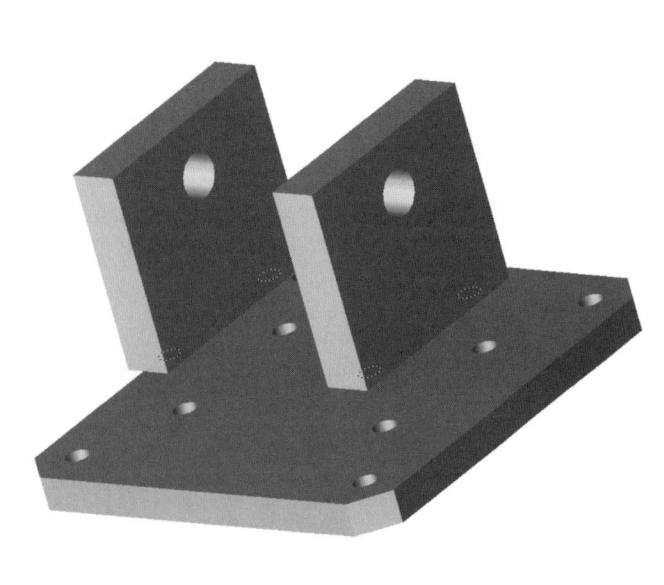

Aufgabe:
Für die Aufnahme des Zylinders (10.1) mit Schwenkkopf (10.2) ist eine Grundplatte (12) mit Gelenkplatten (11) erforderlich.

Zeichnen Sie die Grundplatte und die Schwenkplatte im Maßstab 1 : 2 mit Bemaßung.
- Platte 200 x 22 x 200 mit Befestigungsbohrungen Ø11, Eckenfase 20 x 45°, Senkungen für Zylinderschrauben ISO 4762-M10.
- Gelenkplatte 100 x 22 x 90 mit Bohrung Ø20,5, mittig, von unten 70,
- Befestigung der Gelenkplatten mit je zwei Zylinderschrauben ISO 4762-M10 x 25.

11

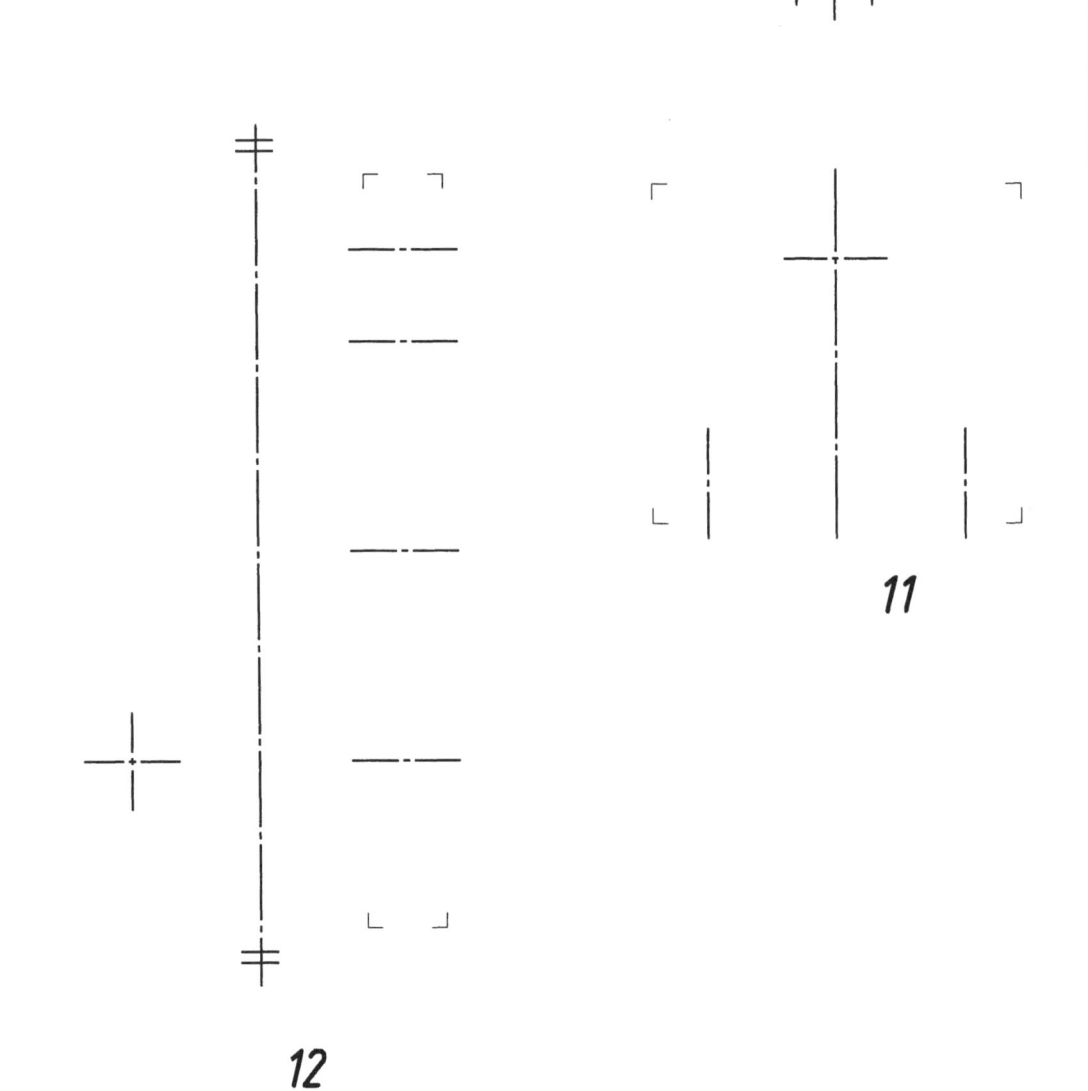

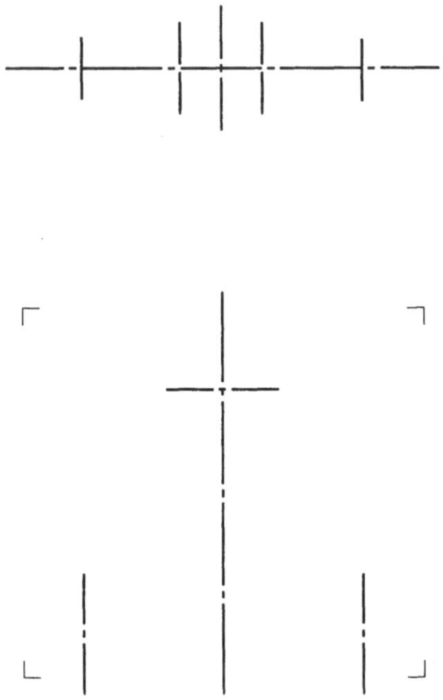

12

				Zul. Abw.		Oberflächen	Maßstab		Gewicht	
							Werkstoff			
					Datum	Name	Benennung			
				Bearb.						
				Gepr.						
							11 12 75 11 /12		Klasse	Blatt-Nr.
Passmaß	Abmaße	Passmaß	Abmaße							

Auf der Kolbenstange befindet sich ein Gabelkopf. Er wird mit einem Bolzen am T-Winkel (7) drehbar gelagert.

Der T-Winkel wird mit Zylinderschrauben ISO 4762-M8 x 16 am Al-Profil (3) befestigt. Dazu werden „Hammermuttern" verwendet.

Aufgabe:
Beschreiben Sie den Gebrauch der Hammermutter.

_____
_____
_____
_____
_____
_____

Zeichnen Sie den **T-Winkel** nach der Vorgabe im Maßstab 1 : 2 mit Bemaßung.

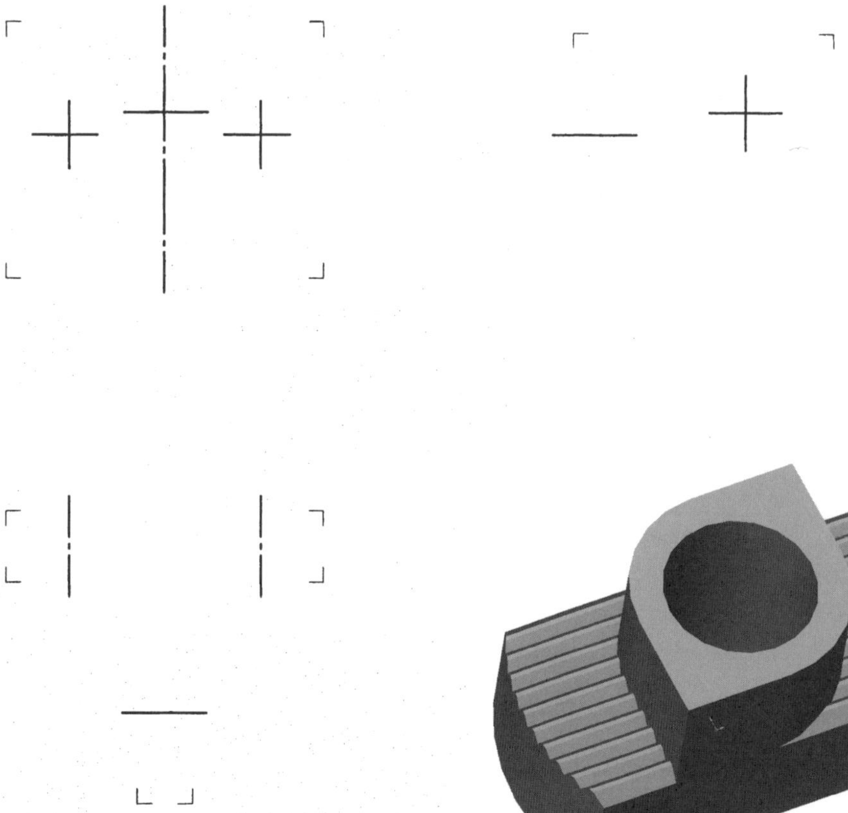

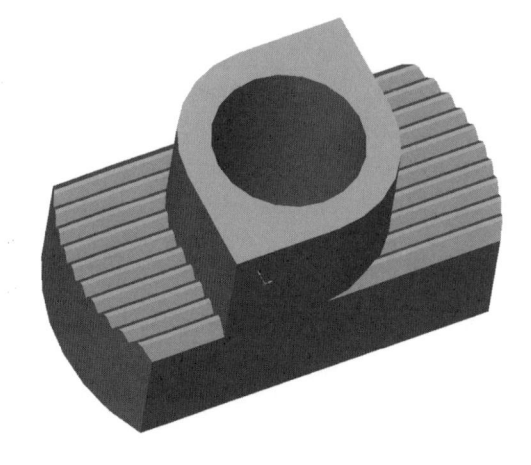

7

			Zul. Abw.		Oberflächen	Maßstab		Gewicht	
						Werkstoff			
				Datum	Name	Benennung			
			Bearb.						
			Gepr.						
						11 12 75 07		Klasse	Blatt-Nr.
Passmaß	Abmaße	Passmaß	Abmaße						

Führungsrollen (8.1) erlauben Auf- und Abbewegungen des Ecklifts am Führungsrahmen. Der umlaufende Bund läuft dabei in der Längsnut des Al-Profils (1.11). Die Führungsrollen sind mit Rillenkugellager (8.4) DIN 625 - 6000 gelagert. Wegen Geräuschentwicklung und Reibung an der Nut des eloxierten Al-Profils sind die Führungsrollen aus Kunststoff.

Aufgabe:
Zeichnen Sie die Führungsrolle (8.1), die Buchse (8.2) und die Abdeckscheibe (8.3) nach der Vorgabe im Maßstab 1 : 1 mit Bemaßung.
- Führungsrolle Ø58 x 38 mit Bund b = 10, Abstand von links 18,5,
- Wählen Sie einen geeigneten Werkstoff aus.
- Abdeckscheibe Ø46 x 2 mit vier Löchern für Zylinderschrauben ISO 4762 - M5 auf Teilkreis Ø36.
- Buchsen Ø16 x Ø10,5 x 17,5 und 5.

8.2

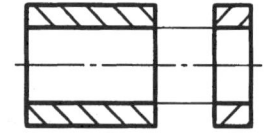

8.1

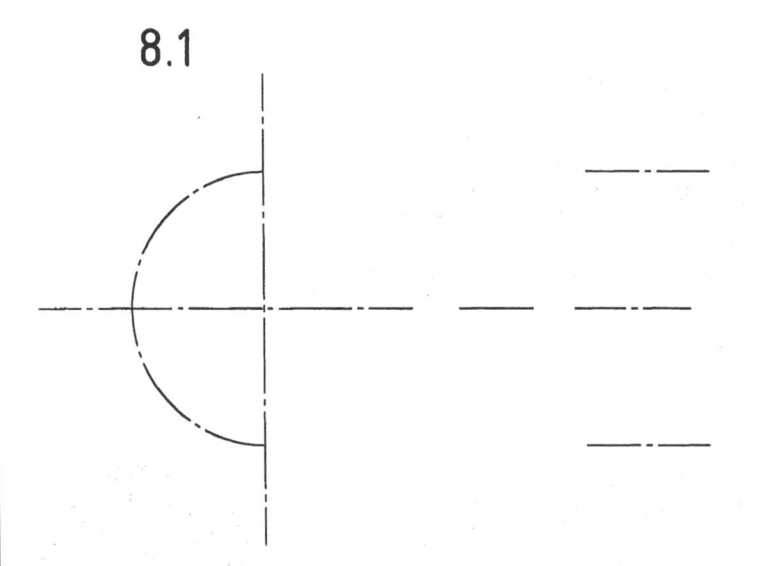

8.3

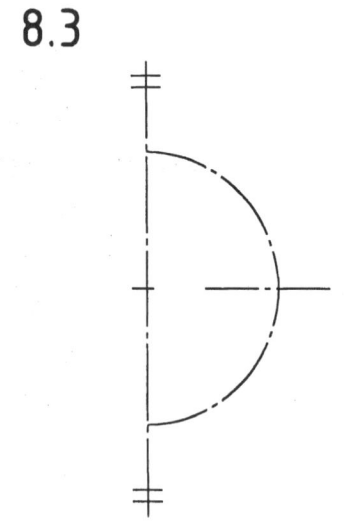

			Zul. Abw.	Oberflächen	Maßstab 1 : 1		Gewicht	
					Werkstoff PA 66 / E235			
			Datum	Name	Benennung			
			Bearb. 05-01-20	Brandner	**Führungsrolle**			
			Gepr.					
					11 12 73 08		Klasse	Blatt-Nr.
Passmaß	Abmaße	Passmaß	Abmaße					